Georg Paulus, Siegfried Schrotta, Erich Visotschnig

Systemisches
KONSENSIEREN

Der Schlüssel zum gemeinsamen Erfolg

Georg Paulus, Siegfried Schrotta, Erich Visotschnig

3. überarbeitete Auflage August 2013

ISBN 978-3-9808635-4-4

Copyright © 2009 by:
DANKE-Verlag
Finkenweg 26
83607 Holzkirchen
Tel. (0 80 24) 34 43
Fax. (0 80 24) 47 98 63
www.traumfirma.de

Lektorat: Christine Sönning

Covergestaltung: Claudia Weber und Christian Großen
www.claudia-weber.eu

Druck: Bahnmayer GmbH, www.bahnmayer.de

Alle Rechte der Verbreitung und Übersetzung sind vorbehalten! Dies gilt auch für Funk, Fernsehen, fotomechanische und elektronische Wiedergabe, Internet und Tonträger jeder Art. Kein Teil des Werkes darf in irgendeiner Form ohne schriftliche Genehmigung des Verlages oder der Autoren gespeichert, verarbeitet, vervielfältigt oder verbreitet werden.

DANKE-Verlag, Georg Paulus

Widmung

Dieses Buchexemplar

widmen wir Ihnen,

liebe Leserin, lieber Leser.

Inhaltsverzeichnis

Kapitel		
	Vorwort	7
1	Paradigmenwechsel	9
	Teil I „Konsensieren für Einsteiger"	**12**
2	Konflikte schnell gelöst	13
3	Die vier häufigsten Fragen	19
4	Vertiefendes Beispiel	24
5	Ernster Interessenkonflikt im Berufsalltag	37
6	Macht ade	46
7	Entscheidungsfindung	52
8	Konsensieren in der Praxis	55
9	Kooperative Entscheidungsvorbereitung	63
10	Konsensieren in der Politik	67
11	Konsensieren für Kinder u. Jugendliche	73
	Teil II „Konsensieren für Fortgeschrittene"	**82**
12	Gruppendynamischer Prozess	83
13	Kreative Kommunikation	87
14	Furcht vor Kritik oder Abhängigkeiten	104
15	Lösungssuche in der Praxis	107

Inhaltsverzeichnis

16	Wie werde ich SK-Experte ?	124
17	Geschichte des Konsensierens	126
18	Danksagung	130
19	Autorenportraits	131
20	Empfehlungen vom DANKE-Verlag	132

Vorwort

Gesellschaftliche Entwicklungen werden maßgeblich von menschlichen Entscheidungen mitbestimmt. Die Methoden, die wir für die Entscheidungsfindung einsetzen, formen nicht nur das zukünftige Geschehen und damit unser Schicksal, sondern prägen auch unser Denken und Verhalten.

Große Gesellschaftsziele oder gar Utopien für eine ferne Zukunft nützen uns nichts, wenn es uns in der Gegenwart nicht gelingt, die besten Methoden einzusetzen, um folgerichtige Entscheidungen zu treffen. Unser Fokus sollte nicht in einer Zukunftsplanung liegen, die wir kampfbetont durchboxen wollen, sondern wir sollten uns auf die Gegenwart besinnen, um mit allen verfügbaren kreativen Kräften Voraussetzungen für eine erfolgreiche Entwicklung zu schaffen.

Auf den Geist, auf das Bewusstsein kommt es an, mit dem wir gemeinsam entscheiden und handeln. Doch Geist lässt sich nicht verordnen. Deshalb ist es sehr wertvoll, ein Instrument an der Hand zu haben, das allein schon durch seine systembedingten Wirkkräfte den Geist und das Bewusstsein in zweckdienliche Bahnen lenkt. Dieses Instrument heißt „Systemisches Konsensieren". Es hat einen außergewöhnlichen Einfluss, unter dem sich die Beteiligten wie von selbst dem größtmöglichen Konsens nähern. Dabei führen Machtspiele und Gruppenegoismen in frustrierende Erfolglosigkeit. Die Gruppe findet Lösungen, die wirksam und gleichzeitig für alle tragbar sind. Dabei gibt es keine klassischen „Verlierer", die sonst gegen die Anderen Widerstand aufbauen würden.

Vorwort

Was kann man sich Besseres wünschen, als gemeinsam die besten Lösungen zu finden, die letztendlich von allen bereitwillig angenommen werden?
Unser Buch soll dazu einen Beitrag leisten.

Siegfried Schrotta, Georg Paulus, Erich Visotschnig,

Wir können die Probleme dieser Welt nicht mit den Denkmustern lösen, die zu ihnen geführt haben.

(Albert Einstein)

1 Paradigmenwechsel

Auf Empfehlung von Christine Sönning besuche ich (Georg Paulus) in München einen Vortrag zum Thema: „Konflikte ohne Machtkämpfe lösen" von Dipl. Ing. Siegfried Schrotta und Dr. Erich Visotschnig.

Noch während des Vortrages komme ich zu der Überzeugung, dass die beiden Referenten den Schlüssel für einen, die ganze Gesellschaft betreffenden Paradigmenwechsel in der Hand haben.

Der Schlüssel heißt „Systemisches Konsensieren".

Die Methode des Systemischen Konsensierens wird meiner Meinung nach die Probleme unserer Zeit friedlicher lösen als es bisher möglich war:

> Bis jetzt wird sehr viel durch Macht oder Mehrheiten erzwungen, mit der Folge, dass oftmals neue Konflikte entfacht werden. Denn auch jede demokratische Abstimmung hinterlässt in der Regel Sieger (Mehrheit) und Verlierer (Minderheit). Deswegen wird stets versucht, Mehrheiten zu bilden um Interessen durchzusetzen oder zu wahren. Die Minderheit, sprich die Verlierer einer Abstimmung oder Wahl, bilden jedoch einen mehr oder weniger großen Widerstandsblock. Jeder ist schließlich lieber Sieger als Verlierer. Eine bessere Methode stand jedoch bis vor kurzem nicht zur Verfügung.
>
> Systemisches Konsensieren darf nicht als ein Angriff auf die Demokratie missverstanden werden. Im Gegenteil! Es ist ihre größte Chance seit ihrer Konstitu-

1 Paradigmenwechsel

ierung. Das Wort „Systemisch" bedarf daher schon vorweg einer etwas genaueren Erklärung als im Vorwort: Es deutet an, dass diese Entscheidungsmethode systembedingt bei allen Beteiligten ein konstruktives Verhalten hervorruft, ohne von deren gutem Willen oder sonstigen Eigenschaften abhängig zu sein. Systemisches Konsensieren führt selbsttätig zur größtmöglichen Näherung an den Konsens. Es hat eine starke konfliktlösende Wirkung.

Wir wissen, dass dies am Anfang sehr utopisch klingt. Wenn es uns jedoch gelungen ist, Sie ein wenig neugierig zu machen, dann werden Sie überrascht sein, welchen genialen Schlüssel Sie mit dem Systemischen Konsensieren an die Hand bekommen.

Nachdem Sie nun erfahren haben, was das Wort „Systemisch" in diesem Kontext bedeutet, werden wir im Folgenden nur noch von „Konsensieren" sprechen.

Durch Konsensieren ist es also ab sofort möglich, die gemeinsamen Entscheidungen nicht mehr mit Hilfe von Autorität oder der Macht der Stimmenmehrheit, sondern **gemeinschaftlich** und ohne die klassischen Nebenwirkungen von Siegern und Verlierern zu treffen. Mit Konsensieren wird das traditionelle Sieger-Verlierer-Prinzip durchbrochen! Der Hauptvorteil liegt jedoch darin, dass dabei kaum neue Konflikte entstehen.

1 Paradigmenwechsel

Bereits nach den ersten fünfzehn Minuten des Vortrags wird mir klar, welche Dimension und Dynamik in diesem System steckt. Ich habe jedoch den Eindruck, dass man das Ganze vereinfachen müsste, damit es sich möglichst schnell zum Wohle der Gesellschaft weiterverbreiten kann. Aus diesem Grunde biete ich am Ende des Vortrages den beiden Referenten spontan eine Zusammenarbeit an. Später entwickelt sich daraus die Idee, gemeinsam ein leicht verständliches Buch mit dem Titel „Systemisches Konsensieren" zu schreiben.

Durch konstruktiven gegenseitigen Informationsaustausch und deutsch-österreichische Zusammenarbeit wurde das Konsensieren bis heute so vereinfacht, dass es jetzt seinen Siegeszug antreten kann.

Gemeinsam verraten wir drei Autoren Ihnen jetzt mehr.

Teil I   „Konsensieren für Einsteiger"

Teil I
„Konsensieren für Einsteiger"

2 Konflikte schnell gelöst

Schön, dass Sie weiterlesen. Wir nehmen an, Sie wollen jetzt wissen, wie dieses sagenhafte Instrumentarium „Konsensieren" funktioniert. Um Ihre Neugierde zu erfüllen bringen wir zunächst ein einfaches Konfliktbeispiel:

Angenommen, Sie sind Verwalter eines Hauses mit vier Eigentumswohnungen. Bei einer Eigentümerversammlung wird vereinbart, dass ihr Haus einen neuen Farbanstrich bekommen soll. Leider kann man sich auf keine Farbe einigen. Jeder Eigentümer ist mit den Farbvorschlägen der anderen nicht einverstanden und findet nur seinen Vorschlag wirklich gut. Ein typischer Konfliktfall.

Bitte überlegen Sie, wie Sie dieses Problem möglichst schnell lösen würden? Kennen Sie eine vernünftige Vorgangsweise, die sofort für alle Beteiligten zu einem zufriedenstellenden Ergebnis kommt, ohne dass es langwierige Diskussionen und Streitereien gibt?

Welche Lösung haben Sie parat?

Wir beschreiben Ihnen jetzt einen ähnlichen Fall aus der Wirtschaft, der noch etwas problematischer ist und mit Konsensieren erfolgreich gelöste wurde.

In einem Werbebüro entstand zwischen vier erfahrenen Werbefachleuten ein ernsthafter Konflikt, weil sie sich nicht einigen konnten, welche Farbe eines neuen Auto-Modells für eine groß angelegte Werbekampagne verwendet werden sollte. Jeder von ihnen hatte sich vor dem Management schon deklariert, welche Farbe seiner Meinung nach am

2 Konflikte schnell gelöst

werbewirksamsten wäre. Daher versuchte jeder seine Meinung zu untermauern und alle anderen davon zu überzeugen – während er selbst hart bleiben musste. Eine demokratische Abstimmung ergab, dass jeder die von ihm selbst vorgeschlagene Farbe favorisierte. Um endlich eine Entscheidung herbeizuführen, war man sich zunächst einig, dass eine zusätzliche Person benötigt würde, welche die Pattstellung durchbrechen sollte.

Zuerst versuchte man den Auftraggeber entscheiden zu lassen. Dieser meinte jedoch, das Werbebüro müsste als Kreativwerkstatt die notwenige Kompetenz haben, um diese wichtige Entscheidung selbst zu treffen. Daher versuchte man einen fünften Kollegen zu finden. Jetzt fing das Problem erst richtig an. Jeder Vorschlag, welche Person zur Entscheidungsfindung zugezogen werden sollte, wurde jeweils von den anderen dreien abgelehnt. Vermutlich fürchtete jeder, der Betreffende würde für den stimmen, der ihn vorgeschlagen hat. Außerdem wurde klar, dass man dann nicht mehr abstimmen müsse, da ja ohnehin der Hinzugezogene die Farbe bestimmen würde. Da könne man doch gleich irgendjemand um die Farbe fragen. Diese Vorstellung kratzte an der Berufsehre der Werbefachleute. Sie waren verwirrt und verärgert, weil keiner nachgeben wollte. Die Situation schien ausweglos. Die weitere Besprechung wurde vertagt.

Zu diesem Zeitpunkt kamen wir ins Spiel. Einer der vier Werbefachleute fragte an, ob wir einen solchen Konflikt lösen könnten, und wie viel Zeit man dafür brauchen würde. Nach seiner kurzen Schilderung der Situation war klar, dass er das Problem nach telefonischer Beratung, auch ohne

2 Konflikte schnell gelöst

unsere Anwesenheit, unter Mitwirkung seiner Sekretärin lösen kann.

Als die geplante Besprechung anfing, stand bereits ein vorbereitetes Flipchart im Besprechungsraum, auf welchem die zur Entscheidung anstehenden vier Farben, Dunkelblau, Silbergrau, Rot und Schwarz untereinander notiert waren. Zusätzlich hatte die Sekretärin vier Zettel vorbereitet, auf denen ebenfalls die vier Farben geschrieben standen.

Unser Kunde, nebenbei bemerkt der Verfechter der Autofarbe Schwarz, erzählte seinen Kollegen von der neuen Methode, die er ausprobieren wolle. Einen Versuch wäre es allemal wert, es würde sicher nicht länger als 15 Minuten dauern.

Die Sekretärin verteilte die vier Zettel mit den untereinander aufgeführten Farben. Sie bat die Teilnehmer ohne jede Diskussion auf dem Zettel zu jeder Farbe sogenannte Widerstandswerte in Form von 0 bis 10 Widerstandsstimmen (W-Stimmen) einzutragen.

2 Konflikte schnell gelöst

0 W-Stimmen bedeuten:
Ich habe keinerlei Widerstand gegen diese Farbe.

10 W-Stimmen bedeuten:
Diese Farbe ist für mich unannehmbar.

Jeder Teilnehmer sollte eine Rangordnung vornehmen, in dem er die Widerstände, die er gegen einzelne Farben spürt, innerhalb dieser Skala von 0 bis 10 ausdrückt. Dazu sollte er überlegen, welche Farbe ihm nach der eigenen Wunschfarbe am zweitliebsten, drittliebsten und viertliebsten wäre, bzw. welche er ganz ablehnen würde.

Jeder hatte 5 Minuten Zeit, seine Bewertungen auf seinem Zettel einzutragen.
Es dauerte keine Minute, schon konnte die Sekretärin die Zettel einsammeln und die Bewertungen auf das Flipchart übertragen.

TEILNEHMER →	1	2	3	4	WUT	RANG
DUNKELBLAU	0	2	4	3	9	①
SILBERGRAU	5	0	8	5	18	3
ROT	7	4	0	6	17	2
SCHWARZ	3	7	8	0	18	3

Konflikte schnell gelöst

Das Ergebnis sah wie folgt aus:

WIST = Widerstandsstimmen

Teilnehmer	1	2	3	4	WIST	Rang
Dunkelblau	0	2	4	3	**9**	**1**
Silbergrau	5	0	8	5	18	3
Rot	7	4	0	6	17	2
Schwarz	3	7	8	0	18	3

Es war ganz deutlich, dass Dunkelblau mit nur neun Widerstandsstimmen (WIST) bei allen gemeinsam den geringsten Widerstand hervorrief. Die Beteiligten kamen aus dem Staunen nicht mehr heraus! Wie einfach und schnell es doch gelungen war, die Entscheidung konfliktfrei herbeizuführen. Jeder hatte bei seiner Meinung bleiben können und trotzdem hatte man eine Lösung des Problems gefunden, mit der alle

2 Konflikte schnell gelöst

leben konnten. Da überdies bei der Bewertung keine Diskussion nötig gewesen war, hatte niemand den Eindruck für etwas gekämpft oder sich verteidigt zu haben, also gab es keinen „Verlierer" und niemand hatte sein Gesicht verloren. Sie alle hatten durch ihre Bewertung zu diesem Ergebnis beigetragen. Somit gab es auch kein Konfliktpotential mehr. Alle waren sich einig: Wir sind kooperativ und gemeinsam zu diesem Ergebnis gekommen. Dunkelblau ist die Farbe, der wir gemeinsam den geringsten Widerstand entgegensetzen. Bei den Beteiligten entstand nun auch der Wunsch, sich mit dem Konsensieren näher zu beschäftigen.

Auch wir werden uns mit dieser Methode in den nächsten Kapiteln ausführlicher befassen. Mit diesem Beispiel wollten wir Ihnen fürs erste die Bewertungsmethode zeigen. Selbstverständlich steckt in diesem System noch viel mehr, wie wir bald sehen werden. Vor allem dann, wenn die Lösungssuche in die Überlegungen mit einbezogen wird.

3 Die vier häufigsten Fragen

Aus Erfahrung wissen wir, dass Sie sich jetzt wahrscheinlich folgende Fragen stellen:

War das alles?
Was soll daran so besonders sein?
Etwas Ähnliches kenne ich doch von anderen Entscheidungsmethoden usw.
Was soll denn da neu sein?

Diese Fragen stellen Sie zurecht. Deswegen verraten wir Ihnen nun den alles entscheidenden Unterschied. In weiteren Kapiteln erfahren Sie dann, welche neuen Möglichkeiten sich daraus ergeben.

Bei ähnlichen Abstimmungs- oder Entscheidungsmethoden werden immer Pro-Stimmen oder Pluspunkte vergeben. Das heißt, man entscheidet sich gegebenenfalls nach der Anzahl des höchsten Punktwertes, nach den meisten Stimmen usw. Dabei wird nie der Widerstand berücksichtigt, der jedoch häufig zu Konflikten führt.

Konsensieren funktioniert genau anders herum.

Bedingt dadurch, dass statt Pro-Stimmen Widerstands-Stimmen ermittelt werden, weiß man beim Ergebnis sofort, wie hoch der gesamte Widerstand aller beteiligten Personen in Summe ist. Was kann es Vernünftigeres geben, als den besten Vorschlag mit dem geringsten Gesamtwiderstand zu ermitteln?

3 Die vier häufigsten Fragen

Unsere Erfahrung zeigt uns immer wieder: Sie werden die Wirkungsweise des Konsensierens am besten verstehen, wenn Sie es zwei- bis dreimal in der Praxis erprobt haben.

Da Sie ja gerade dieses Buch lesen, werden Sie vermutlich nicht sofort die Möglichkeit haben, es auszuprobieren. Deshalb beantworten wir Ihnen vorab drei Fragen, welche die meisten Menschen an dieser Stelle bewegt.

Frage 1:

Warum keine Pro-Stimmen?
Gruppenentscheidungen vom Widerstand abhängig zu machen, klingt sehr negativ. Man sollte doch positiv denken und für eine Entscheidung die Zustimmung durch Pluspunkte oder Pro-Stimmen heranziehen.

Antwort:

Pro-Stimmen sind auf das Erfüllen von Wünschen ausgerichtet. Sie bringen die bekannten unerfreulichen Erscheinungen des demokratischen Mehrheitsprinzips hervor, wie Gruppenegoismus, Machtorientierung, Stimmenfang, Rücksichtslosigkeit usw.. Sie führen dadurch weg von der Suche nach rücksichtsvollen Lösungen und dem optimalen Interessenausgleich. Wenn die Teilnehmer am Entscheidungsprozess ihre Widerstandswerte nennen, ist dies letztlich die formalisierte Antwort auf die Frage: „Spricht etwas dagegen, dass wir die Lösung umsetzen? Wenn ja, wie gravierend sind die Bedenken?"

3   Die vier häufigsten Fragen

Nur wenn die Beteiligten die Bedenken und die Höhe der Widerstände in der ganzen Gruppe kennen, sind sie in der Lage diese zu berücksichtigen, um nach noch besseren Lösungen zu suchen.

Deshalb ist die Bewertung mittels Widerstands-Stimmen das Kernstück des „Systemischen Konsensierens".

Es steht jedoch jedem frei, Entscheidungen mit Pro-Stimmen zu erproben (das ist dann jedoch die seit langem bekannte Punktewertung und hat mit Konsensieren, also der Näherung an den Konsens, nichts zu tun).

Unsere Überlegungen zeigen, und die Erfahrungen mit dem Konsensieren bestätigen es, dass die Suche nach Lösungen, die bei allen Beteiligten wenig bis keinen Widerstand hervorrufen, eine starke konfliktlösende Wirkung erzielt.

Frage 2:

Ist Konsensieren gleichbedeutend mit dem „Weg des geringsten Widerstandes"?

Antwort:

Nein! Wenn eine Gruppe eine Aufgabe lösen soll, ein Problem auf sich zukommen sieht oder einen Interessenkonflikt austragen muss, werden sowohl anspruchsvolle und nachhaltige Vorschläge entwickelt, als auch bequemere. Dabei handelt es sich immer um eigenständige ganze Lösungen

3 Die vier häufigsten Fragen

und nicht um Kompromisse. Ihre Qualität hängt ganz von der Zusammensetzung, Kreativität und Motivation der Gruppe ab.

Jene, die das Problem aus der Welt schaffen wollen, werden sich gegen halbherzige Vorschläge wehren, wenn diese das Problem nicht wirklich anpacken. Es entsteht also Widerstand von zwei Seiten: Die einen lehnen anspruchsvolle Vorschläge ab, und die anderen wehren sich gegen halbherzige Lösungen. Welcher der Vorschläge sich durchsetzt, hängt wiederum von der Zusammensetzung der Gruppe ab. Während aber beim Mehrheitsentscheid für die Annahme eines Vorschlags eine Mehrheit von Befürwortern nötig ist, genügt beim Konsensieren eine Mehrheit, von Personen, **die keinen Einwand haben bzw. nicht dagegen sind.**

Daher ist es ganz eindeutig: Konsensieren begünstigt nicht den Weg des geringsten Widerstandes und führt auch nicht zum kleinsten gemeinsamen Nenner oder einem faulen Kompromiss. Konsensieren ermittelt einen umfassenden Lösungsvorschlag, der dem Konsens am nächsten kommt (also die Interessen soweit es geht, ausgleicht) und daher das geringste Konfliktpotential hervorruft.

Frage 3:

Geht durch das Konsensieren nicht sehr viel Zeit verloren?

3 Die vier häufigsten Fragen

Antwort:

Eindeutig nein! Es geht keine Zeit verloren, sondern im Gegenteil: man gewinnt Zeit. Denken Sie doch mal an unser erstes Konsensierungsbeispiel mit den Farben. Wie viel Zeit für Diskussionen, Streitgespräche usw. konnte dadurch eingespart werden! Noch dazu mit dem Vorteil, dass keine weiteren Konflikte entstanden sind, da es keine Verlierer gab.

Die Zeit für die Bewertung kann bei mittelgroßen Gruppen noch verkürzt werden, indem durch eine bestimmte Art des Handhebens, ähnlich wie bei der klassischen Abstimmung entschieden wird. Im Kapitel „Vereinfachtes Konsensieren" beschreiben wir diese Methode. Sie sollte allerdings erst dann eingesetzt werden, wenn man bereits mit dem Konsensieren vertraut ist.

Frage 4:

Kann man mit Konsensieren auch schwierige und komplexe Aufgaben lösen?

Antwort:

JA. Mehr dazu in Kapitel 5: „Ein ernster Interessenkonflikt im Berufsalltag" und in Teil II „Konsensieren für Fortgeschrittene", ab Kapitel 12.

4 Vertiefendes Beispiel

Nachdem Sie jetzt die Grundmethode des Konsensierens kennen gelernt haben und die wichtigsten Fragen vorerst beantwortet sind, steigen wir mit dem folgenden Beispiel etwas tiefer ein.

Vielleicht haben Sie eine ähnliche Situation schon mal erlebt: Aufgrund einer erfolgreichen Abteilungsversammlung einer kleineren Firma kamen die Mitarbeiter überein, sich alle 14 Tage nach Dienstschluss um 18:00 Uhr zu treffen. Jeder sollte Vorschläge machen, an welchem Abend man sich regelmäßig treffen soll. Sie ahnen schon, was jetzt kommt.

Der erste Vorschlag eines Teilnehmers war Mittwoch.
Da geht's bei mir ganz schlecht, meinte sein Nachbar.
Ich bin lieber für Donnerstag, meinte jemand anderer.
Der nächste Teilnehmer meinte, Montag wäre für ihn ideal.
„Dienstag wäre mir am liebsten", meinte eine Teilnehmerin.
Sogar der Freitag wurde noch von jemand vorgeschlagen.
Lediglich Samstag und Sonntag kamen niemandem in den Sinn.

Es prallten verschiedene Terminwünsche aufeinander und die wohlgemeinte Absicht, sich künftig alle vierzehn Tage einmal zu treffen, war stark gefährdet. Viel und lange wurde hin und her diskutiert. Jeder versuchte auf seine Weise, seinen idealen Tag durchzusetzen. Ein klassischer, wenn auch harmloser Konfliktfall.

Nachdem die Zeit schon etwas fortgeschritten war, kam es, wie es kommen musste: Stimmen wir doch einfach ab, meinte der Abteilungsleiter, sonst sitzen wir morgen noch da.

4 Vertiefendes Beispiel

Nachdem bereits mehrere Teilnehmer nach Hause gehen wollten, und man keine andere Möglichkeit sah, eine rasche Entscheidung herbeizuführen, einigte man sich sehr schnell darauf, dass jeder an dem Wochentag die Hand heben soll, an dem er Zeit für eine Abteilungsbesprechung aufbringen kann bzw. will.

Wer ist für Montag: Zwei Hände gingen hoch.
Wer für Dienstag: Zwei Hände gingen hoch.
Wer für Mittwoch: Drei Hände gingen hoch.
(Eine davon war vom Abteilungsleiter)
Wer für Donnerstag: Zwei Hände gingen hoch.
Wer für Freitag: Eine Hand ging hoch.

	Abstimmung	in Prozent
Montag	2	20%
Dienstag	2	20%
Mittwoch	3	30%
Donnerstag	2	20%
Freitag	1	10%
Gesamt	10	100%

4 Vertiefendes Beispiel

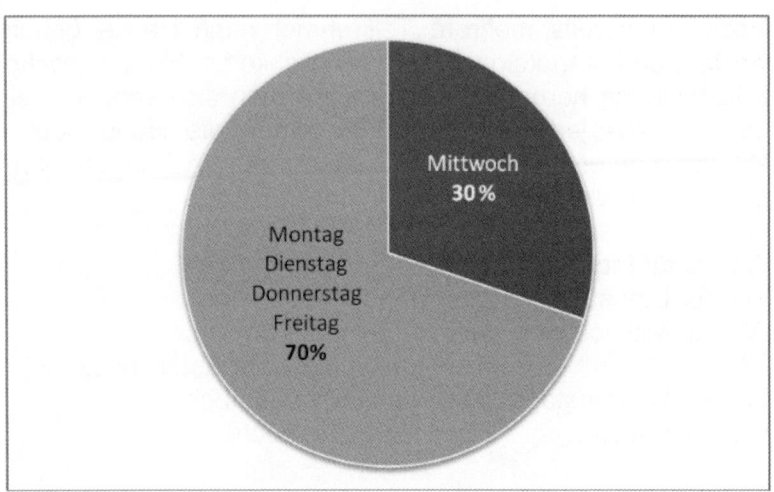

Der Mittwoch hatte mit drei JA-Stimmen eine relative Mehrheit von 30% erhalten. Nach unserem demokratischen Verständnis galt der Mittwoch somit als beschlossen. Die restlichen 70% der JA- Stimmen waren auf die anderen Wochentage verteilt.

Diese 70% haben beim Mehrheitsprinzip keine Bedeutung, weil sie zersplittert sind, nämlich auf mehrere Vorschläge verteilt. „Auswirkungen" haben sie sehr wohl. Durch die Größenverhältnisse der beiden Bereiche von 30% und 70% wird deutlich, dass die Mehrheit der Teilnehmer die Entscheidung nicht mit trug.

Laut Mehrheitsprinzip gab es mit den drei Teilnehmern, die für Mittwoch gestimmt hatten, somit drei „Sieger". Über die

4 Vertiefendes Beispiel

Wirkung auf die sieben(!) „Verlierer" sagt die Mehrheitsentscheidung nichts aus.

Machen wir doch eine kurze Nachanalyse dieser Geschichte.

Sie können sich leicht vorstellen: Wenn diese Entscheidung für den Mittwoch eine hohe Unzufriedenheit hervorruft und sich die Mehrheit als Verlierer fühlt, würden bald Widerstände zutage treten. Diese könnten sich dann z. B. so auswirken, dass die verärgerten Personen des Öfteren dem Meeting fernblieben, was wahrscheinlich wieder zu diversen Konflikten führen würde.

Betrachten wir den Widerstand einmal unter physikalischen Gesichtspunkten. Herr Georg Simon Ohm hat mit seiner berühmten URI-Formel bewiesen, dass die Stromstärke umso höher ausfällt, je geringer der Widerstand ist.

Seine Formel lautet: $U : R = I$

Die Spannung (U) in Volt dividiert durch den Widerstand (R) in Ohm ergibt die Stromstärke (I) in Ampere.

Die URI-Formel gilt nicht nur für die Berechnung des elektrischen Stroms, sondern kann für vieles im Leben stehen. Widerstände bremsen vielfach den Strom produktiver Ereignisse.

Um ein bestimmtes, gemeinsames Vorhaben mit möglichst großem Erfolg durchführen zu können, bräuchte man also eine Methode, mit der man aus den verschiedenen Möglich-

4 Vertiefendes Beispiel

keiten, jene mit dem geringsten Widerstand ermitteln kann. Genau dies bietet uns das Konsensieren, wie wir im schon begonnenen Beispiel sehen werden.

Wie wir bereits wissen, wurden alle Werktage als Vorschläge eingebracht. Die folgende Tabelle zeigt, welche Teilnehmer für welche Tage die Hand gehoben, das heißt dafür gestimmt hatten.

Teilnehmer (T) Vorschläge	T1	T2	T3	T4	T5	T6	T7	T8	T9	T10	Summe
Montag	JA						JA				2
Dienstag			JA			JA					2
Mittwoch		JA					JA	JA			3
Donnerstag					JA				JA		2
Freitag				JA							1

Wir sehen, dass Teilnehmer 7 an zwei Tagen Zeit hatte und Teilnehmer 10 sich für keinen Tag entscheiden konnte. Letzteres wirkte auf die anderen störend – fast wie ein Boykott. Doch das wurde übergangen, denn Teilnehmer 10 überlässt dadurch die Entscheidung den anderen.

Nach demokratischen Regeln ergab sich, wie schon festgestellt, mit drei Stimmen eine relative Mehrheit für den Mittwoch. Über das Ausmaß der tatsächlichen Ablehnung gegen den Mittwoch gab diese demokratische Abstimmung jedoch keine Auskunft. Mehrheitsabstimmungen führen also zu dem

4 Vertiefendes Beispiel

Verdacht, dass jeder, der nicht für „meinen Wunsch stimmt", mein „Gegner" ist.

Solange keine streitlustigen Leute mit von der Partie sind und der Konflikt wie bei diesem Terminproblem einigermaßen geregelt abläuft, fällt das nicht weiter auf. Doch im politischen Leben wirkt sich diese Schwäche des Mehrheitsprinzips verheerend aus, wie wir täglich beobachten können.

Wie wurde jetzt die tatsächliche Ablehnung ermittelt, und die Gruppe letzten Endes zu einer für alle zufrieden stellenden Lösung geführt?

Damit Sie nicht zurückblättern müssen, hier noch einmal die Methode:

Jeder Teilnehmer kann jeden Wochentag mit 0 bis 10 Widerstandsstimmen (WIST) bewerten.

0 W-Stimmen bedeuten:
Kein Einwand gegen diesen Vorschlag

10 W-Stimmen bedeuten:
Totale Ablehnung dieses Vorschlags

4 Vertiefendes Beispiel

> Beim Konsensieren sind wir glücklicherweise nicht gezwungen, uns zwischen JA und NEIN zu entscheiden, sondern haben die Möglichkeit, unsere tatsächlichen Bedürfnisse in Widerstandwerten einer Skala auszudrücken. Die wahrheitsgetreue Bewertung erweist sich, wie später ersichtlich wird, als Vorteil für einen selbst und für die ganze Gruppe.

Vorgehensweise:
Die unserer Meinung nach ideale Lösung bewerten wir mit 0 Widerstandstimmen. Damit wir bei unterschiedlichen Meinungen **entscheidend** zu einer für uns zufriedenstellenden Lösung beitragen, müssen wir folgende Überlegung anstellen: **Was ist, wenn meine Ideallösung nicht durchkommt, was ist mir dann am zweitliebsten, drittliebsten usw.** Es wäre in unserem Beispiel unklug, den zweitliebsten Tag mit 10 W-Stimmen total abzulehnen. Auch bei den weiteren Vorschlägen sollten die W-Stimmen abgestuft werden, sonst bekämpft man alle Lösungen gleich stark, obwohl man eigentlich einige besser mittragen würde, als andere. Sie sehen, dass die Beteiligten sich beim Konsensieren nicht auf einen einzigen Tag festlegen müssen. Sie können – und das ist das Geniale daran – die Tage fein abgestuft und präzise von 0 bis 10 bewerten.

Mit den abgestuften Bewertungen kommen wir zu einer persönlichen Rangordnung der Vorschläge, in der der eigene Wunsch mit 0 Widerstand an erster Stelle steht. Die Zwischenwerte können nach Gefühl vergeben werden.

Zurück zu unserem Beispiel:

4 Vertiefendes Beispiel

Teilnehmer 1 kommt zu folgender Bewertung:

Montag	wäre für mich der ideale Tag. Deswegen gebe ich hier 0 W-Stimmen.
Dienstag	geht auf keinen Fall, denn an diesem Tag ist mein Kegelabend und der ist mir sehr wichtig. Daher 10 W-Stimmen.
Mittwoch	ginge ja, wenn ich die Sicherheit hätte, dass das Meeting immer rechtzeitig beendet ist. Dann könnte ich mir nach wie vor meine Lieblingssendung im Fernsehen ansehen. Deshalb ordne ich dem Mittwoch 5 W-Stimmen zu.
Donnerstag	gehe ich alle 3 Wochen regelmäßig in die Sauna. Okay, ich könnte notfalls auch ohne Sauna auskommen, da ich im Sommer ohnehin nicht gehe. Und die restliche Jahreszeit könnte ich notfalls auch mal am Wochenende gehen. Also 6 W-Stimmen.
Freitag	ist auch nicht gerade ideal, denn an diesem Tag kommt unsere Tochter manchmal zu Besuch. Gut, ich gebe zu, dass dies sehr selten der Fall ist. Aber wenn Sie kommt, dann möchte ich zuhause sein. Ich gebe in diesem Fall 7 W-Stimmen.

4 Vertiefendes Beispiel

Die Bewertung sieht somit bei Teilnehmer 1 wie folgt aus:

Teilnehmer	T1
Montag	**0**
Dienstag	10
Mittwoch	5
Donnerstag	6
Freitag	7

Wie sieht Teilnehmer 2 die Wochentage?

Für **Montag** vergibt er 9 W-Stimmen, weil er Montag lieber zu seinem Stammtisch geht. Dienstags, Mittwoch und Donnerstag hätte er eigentlich Zeit, aber gefühlsmäßig wäre ihm der Mittwoch am liebsten. Deshalb vergibt er für **Dienstag** und **Donnerstag** 4 und für **Mittwoch** 0 W-Stimmen. Für den **Freitag** nimmt er 10 W-Stimmen, weil er mit seinem Wohnmobil gerne übers Wochenende wegfährt. Von Teilnehmer 2 erhalten wir somit folgende Widerstandswerte:

Teilnehmer	T1	T2
Montag		9
Dienstag		4
Mittwoch		**0**
Donnerstag		4
Freitag		10

4   Vertiefendes Beispiel

Nun zu Teilnehmer 3:

Teilnehmer 3 ist im Elternbeirat der Realschule. Dieser trifft sich zwar selten, aber wenn, dann immer am Montag. Deshalb vergibt er hier 6 W-Stimmen. Am **Dienstag, Mittwoch** und **Donnerstag** hat er eigentlich Zeit. Sie werden sich jetzt zu Recht die Frage stellen, warum er nicht allen drei Tagen 0 W-Stimmen zuordnet. Teilnehmer 3 ist ein Mitarbeiter, dem es lieber wäre, es würde überhaupt kein Treffen nach Dienstschluss stattfinden, deshalb hat er hier etwas versteckt seinem generellen Widerstand Ausdruck gegeben, ohne dass er darüber reden muss oder jemandem Rechenschaft schuldig ist. Also vergibt er für Dienstag 0, Mittwoch 2 und Donnerstag 3 W-Stimmen.
Auch am **Freitag** hat er normalerweise nichts vor, ihm ist es aber lieber, wenn er am Freitag nach Arbeitsende gleich nach Hause gehen kann. Deshalb vergibt er für Freitag 7 W-Stimmen.

Hier die W-Stimmen von Teilnehmer 3:

Teilnehmer	T1	T2	T3
Montag			6
Dienstag			**0**
Mittwoch			2
Donnerstag			3
Freitag			7

4 Vertiefendes Beispiel

Auf die gleiche Weise geben alle 10 Mitarbeiter einschließlich des Abteilungsleiters sehr differenziert ihre W-Stimmen ab. In der Tabelle sieht dies wie folgt aus:

Teilnehmer	T1	T2	T3	T4	T5	T6	T7	T8	T9	T10	WIST	Rang	WIST in %
Montag	0	9	6	8	4	4	0	4	1	2	38	2	
Dienstag	10	4	0	10	8	0	2	3	7	5	49	4	
Mittwoch	5	0	2	2	5	2	0	0	8	7	31	1	13,42%
Donnerstag	6	4	3	5	0	8	7	6	0	6	45	3	
Freitag	7	10	7	0	9	7	10	0	8	10	68	5	

Dabei fällt sofort auf, dass nun auch Teilnehmer 10 genügend Ausdrucksmöglichkeit gefunden hat. Er kann zwar keinen Tag voll bejahen. Wie aber seine W-Stimmen zeigen, möchte er das Meeting auch nicht ganz boykottieren.

Zählen wir die Widerstandstimmen der Teilnehmer 1 bis 10 für jeden Tag zusammen, so stellen wir fest, dass der ideale Tag für das Treffen nun doch wieder der Mittwoch ist.

Da wir im Beispiel nun wieder den Mittwoch als Ergebnis erhalten haben, fragen Sie sich wahrscheinlich, was jetzt anders sein soll, als bei der ursprünglichen Mehrheits-Abstimmung in Kapitel 2. Dort wurde mit drei Stimmen ebenfalls der Mittwoch beschlossen.

Diesen eher seltenen Fall hatten wir in der Praxis bei einem TRAUMFIRMA-Workshop. Selbst bei dieser Konstellation

4   Vertiefendes Beispiel

wurden die Vorteile des Konsensierens gegenüber dem Mehrheitsentscheid sehr deutlich:

Bei der demokratischen Abstimmung gab es nur **30 %** der JA-Stimmen für den Mittwoch und daher einen **scheinbaren Widerstand von 70 % gegen diesen Tag**. Denn bei sieben von zehn JA-Stimmen wusste man nur, dass sie nicht für den Mittwoch abgegeben worden waren. Das demokratische Mehrheitsprinzip ergab also keine Aussage darüber, wie hoch der Widerstand in der Gruppe tatsächlich war. Beim Mehrheitsprinzip sind die Sieger immer unsicher, wie viele Gegner sie wirklich haben.

Konsensieren verschafft uns dagegen Gewissheit über die tatsächlichen Widerstände in der Gruppe. Im Beispiel ist zu sehen, dass die meisten mit dem Ergebnis einverstanden waren, auch wenn sie nicht mit JA gestimmt hatten. Niemand hatte den Mittwoch total abgelehnt. Der Mittwoch war letztlich für alle gemeinsam der Tag mit **dem geringsten Widerstand**.

Zum Vergleich berechnen wir den mittels Konsensieren erhaltenen Widerstand jetzt auch noch in Prozenten. Wir dividieren die 31 W-Stimmen, die dem Mittwoch zugeordnet wurden, durch die Gesamtzahl aller 231 verwendeten W-Stimmen. Und siehe da, das Ergebnis lautet nicht 70 % sondern nur noch **13,42 % tatsächlicher Widerstand**.

(31 : 231) x 100 = 13,42 % Widerstand.

4 Vertiefendes Beispiel

Das bedeutet, nur 13,42 % und nicht 70 % des Gruppenwiderstands (wie bei der demokratischen Abstimmung fälschlich vermutet) entfallen auf den Mittwoch.

Das demokratische Mehrheitsprinzip hatte uns also getäuscht. Wir hatten jene, die nicht für den Mittwoch waren, als Gegner eingeschätzt. Wie schon angedeutet, verursacht eine solche Täuschung im gesellschaftlichen Leben viele folgenschwere Fehleinschätzungen. Daraus entsteht, vor allem in der Politik, oft die Meinung: „Wer nicht mein Freund ist, ist mein Feind".

Konsensieren zeigt uns dagegen den in der Gruppe wirklich vorhandenen Widerstand. Darüber hinaus lässt es uns auch erkennen, dass der Widerstand nicht immer an einzelnen Personen oder echten Gegnern festgemacht werden kann. Er ist meistens auf viele Personen graduell verteilt.

Und noch etwas ist bei dieser Methode genial: Bei der Mehrheitsabstimmung gab es in unserem Beispiel 3 Sieger und die anderen konnten sich als Verlierer fühlen. Beim Konsensieren konnten wir keinen echten Verlierer erkennen. Alle Teilnehmer waren sich einig, der Mittwoch ist für die Gruppe als Gemeinschaft der ideale Tag. Der Frieden war durch Konsensieren gesichert.

5 Ernster Interessenkonflikt im Berufsalltag

In den folgenden Interessenkonflikt in einem großen Sprachinstitut waren 36 Personen verwickelt. **Was hatte zu diesem ausweglos scheinenden Konflikt geführt?**

Sieben Arbeitsgruppen hatten Lösungsvorschläge für neue Lehrpläne entwickelt. Nach endlosen Diskussionen wurde versucht, mithilfe einer Mehrheitsabstimmung den besten der sieben Vorschläge zu ermitteln.

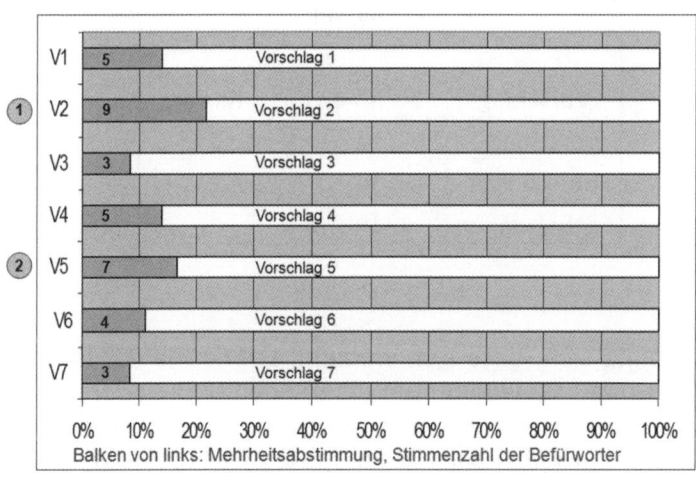

Bild 1: Ergebnis der Mehrheitsabstimmung

Bild 1 zeigt die Vorschläge 1 bis 7. Die linken Balken stellen die Stimmenzahlen der Befürworter dar. Demnach hatte Vorschlag 2 die relative Mehrheit mit 9 Stimmen. Vorschlag 5 lag an zweiter Stelle mit 7 Stimmen.

5   Ernster Interessenkonflikt im Berufsalltag

Dieses Ergebnis hatte heftige Unruhe ausgelöst. Vorschlag 2 enthielt Sprengstoff in Form erheblicher Zusatzbelastungen für die Lehrkräfte. Dem siegreichen Lager von 9 Personen standen 27 gegenüber, die diesen Vorschlag nicht befürworteten. Um den Konflikt zu entschärfen, versuchte man nun zwischen den beiden „relativ besten" Vorschlägen 2 und 5 eine Stichwahl. (Siehe Bild 2)

Stichwahl		
Vorschlag	**Stimmen**	**Rang**
Vorschlag 2	12	1
Vorschlag 5	10	2
Enthaltungen	**14**	**1**

Bild 2: Stichwahl

Dabei zeigte sich, dass sich vierzehn Lehrkräfte der Stimme enthielten, weil sie weder dem einen noch dem anderen Vorschlag zustimmen wollten. Der „siegreiche" Vorschlag 2 hatte also - so paradox es klingt - mehr Gegner als Befürworter! Die nun losbrechende Diskussion verursachte ein unüberschaubares Gewirr an kontroversen Meinungen und Spannungen im Lehrkörper. Das Ergebnis versetzte alle derart in Aufruhr, dass die Direktion davon Abstand nahm, die Entscheidung anzuerkennen.

Daraufhin wurden wir als Experten für „Systemisches Konsensieren" eingeladen, in der Hoffnung, eine brauchbare Entscheidung herbeizuführen.

5 Ernster Interessenkonflikt im Berufsalltag

An dieser Stelle muss hervorgehoben werden, wie einfach unsere Vorgangsweise trotz der angespannten Situation war. Nach einer kurzen Einführung erklärten wir, dass wir als ersten Schritt den **Gruppenwiderstand** gegen jeden der Vorschläge messen würden. Zusätzlich brachten wir noch vor der Bewertung als achten Vorschlag die sogenannte „Null-Lösung" ein: „Alles soll so bleiben wie es ist."

Die Messung des Gruppenwiderstandes
Der Gruppenwiderstand eines Vorschlags ergibt sich bekanntlich durch Addieren der Widerstands-Stimmen, die er von allen Beteiligten erhalten hat. Er ist ein Maß für die Ablehnung, welche die ganze Gruppe diesem Vorschlag entgegensetzt. Auf einem „Konsensierungszettel" wurden daher die Vorschläge 1 bis 8 untereinander aufgelistet und Kopien davon an alle 36 Lehrkräfte verteilt. Sie wurden gebeten, jeden der Vorschläge mit Widerstands-Stimmen von 0 bis 10 zu bewerten und ihre Werte einzutragen. Schon nach wenigen Minuten konnten wir die ausgefüllten Konsensierungszettel einsammeln und am PC mit einem von uns entworfenen Programm auswerten.

Die dunklen Balken auf der rechten Seite in Bild 3 zeigen die Gruppenwiderstände, welche damals die einzelnen Vorschläge hervorgerufen haben. Wegen der besseren Übersichtlichkeit haben wir die Vorschläge nach diesen Gruppenwiderständen sortiert.

5 Ernster Interessenkonflikt im Berufsalltag

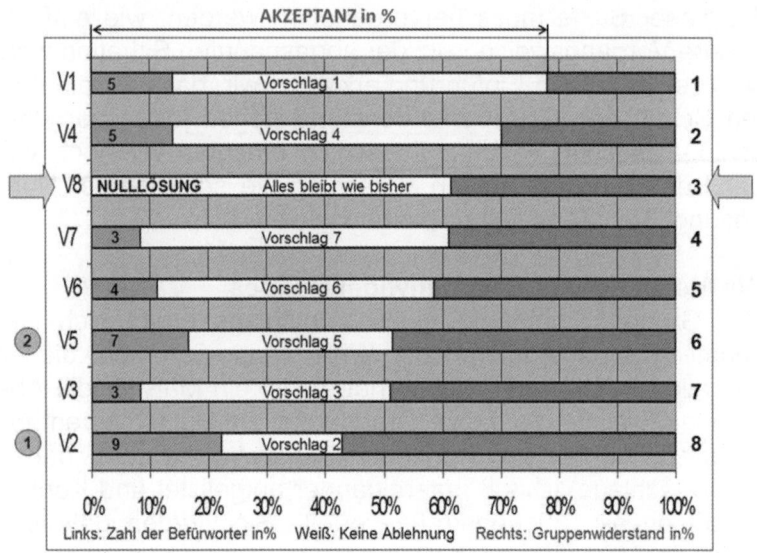

Bild 3: Akzeptanzwert (links) Gruppenwiderstände (rechts)

Die Rangordnung der Vorschläge hinsichtlich des erzielten Konsenses.

Wir sehen in Bild 3 am rechten Rand die Reihung der Vorschläge hinsichtlich des geringsten Gruppenwiderstandes und damit hinsichtlich des erzielten Konsenses. Aus der Sicht der gesamten Gruppe ist jener Vorschlag der „Beste", der von allen gemeinsam am wenigsten abgelehnt wird. Und das ist in diesem Fall Vorschlag 1. Er löste schlussendlich das Problem ohne nennenswerten Zündstoff.

Bei genauerer Betrachtung sehen Sie, dass Vorschlag 1 bei der Mehrheitsabstimmung von 5 Personen (14 %) befürwor-

5 Ernster Interessenkonflikt im Berufsalltag

tet wurde. Daher landete er nach dem traditionellen Mehrheitsprinzip nur im Mittelfeld. Beim Konsensieren erhielt er eine gesamte Ablehnung von 23 %. Diese Ablehnung in % bezeichnen wir als das (schon erwähnte) Konfliktpotenzial. Das positive Gegenstück zum Konfliktpotenzial ist die Akzeptanz eines Vorschlags in %. Sie ergibt sich aus den nicht eingesetzten Widerstands-Stimmen. Wie im Bild zu sehen ist, umfasst die Akzeptanz die Befürworter und jene, die nichts dagegen haben. Der mittlere weiße Bereich zeigt, dass eine große Mehrheit „damit leben konnte", denn Vorschlag 1 hatte einen Akzeptanzwert von 77 %. Dieser außerordentliche Vorteil für den gesamten Lehrkörper wurde durch die übliche Abstimmung nicht entdeckt. Besonders erwähnenswert ist außerdem, dass es keine klassischen Verlierer gab.

Wie in Bild 3 zu sehen ist, zählten die beiden „besten" Vorschläge des ursprünglichen Mehrheitsentscheids (Vorschlag 2 und 5) aus der Sicht der ganzen Gruppe zu den konfliktträchtigsten und waren daher für eine gedeihliche Arbeit die unbrauchbarsten. Die Diskussion, die im Gewirr der Argumente stecken geblieben war, erwies sich damit als geklärt. Die Rangordnung hatte in das Dickicht der Meinungen Ordnung gebracht.

In Bild 3 bestätigt sich, dass die Stimmenzahl der Befürworter als Machtfaktor bei der Bewertung des Gruppenwiderstands bedeutungslos geworden war. Jetzt kam es nicht mehr darauf an, möglichst viele Anhänger um sich zu scharen, um eigene Interessen durchzusetzen. Jetzt entschied

5 Ernster Interessenkonflikt im Berufsalltag

jene Lösung, die für alle tragbar war und das Problem gelöst hat.

Noch etwas fiel den Teilnehmern sofort auf, als wir dieses Ergebnis auf die Leinwand projizierten: Die Null-Lösung lag an dritter Stelle. Plötzlich brach Jubel aus, denn es wurde allen klar, dass Vorschläge, die in der Rangordnung schlechter als die Null-Lösung gereiht sind, für eine Realisierung nicht infrage kamen. Man kann von einer Gruppe nicht erwarten, sie werde einen Vorschlag mit Freude und großem Einsatz umsetzen, der stärker als die Null-Lösung abgelehnt wird. Die Gruppe bringt ja damit zum Ausdruck, dass sie dann doch lieber alles so belassen würde, wie bisher. Hingegen zeigt die Gruppe deutlich, dass sie bereit ist, die ranghöheren Vorschläge in Betracht zu ziehen.

Viele Menschen, die mit dem Konsensieren noch nicht vertraut sind, meinen gerne, Konsensieren sei der Weg des geringsten Widerstandes (kleinster gemeinsamer Nenner). Wie wir anhand unseres Beispiels jedoch deutlich sehen, ist **Konsensieren, der Weg des größten gemeinsamen Nenners.**

Die Grenze des Zumutbaren

Aber wie kann man das tatsächliche Konfliktpotenzial dieser Vorschläge einschätzen? Was sagen uns die Balken auf der rechten Seite? Die folgende Überlegung hilft weiter: Würden alle Beteiligten einen Vorschlag mit 10 Widerstands-Stimmen ablehnen, dann würde der rechte Balken zu 100 % über die ganze Länge des Diagramms reichen. Würde die ganze

5 Ernster Interessenkonflikt im Berufsalltag

Gruppe Bedenken haben und durchschnittlich 5 Widerstands-Stimmen zuordnen, so würde der Balken 50 % erreichen. Wir können also die in Zahlen ausgedrückte Widerstands-Stimmen-Skala, von der wir ausgegangen sind und die wir gefühlsmäßig einschätzen können, direkt über das Diagramm legen. Die Gruppe erhält damit ein Gefühl für das Konfliktpotenzial jedes einzelnen Vorschlags. Das fördert bei vielen die Einsicht, was der Gruppe zumutbar ist.

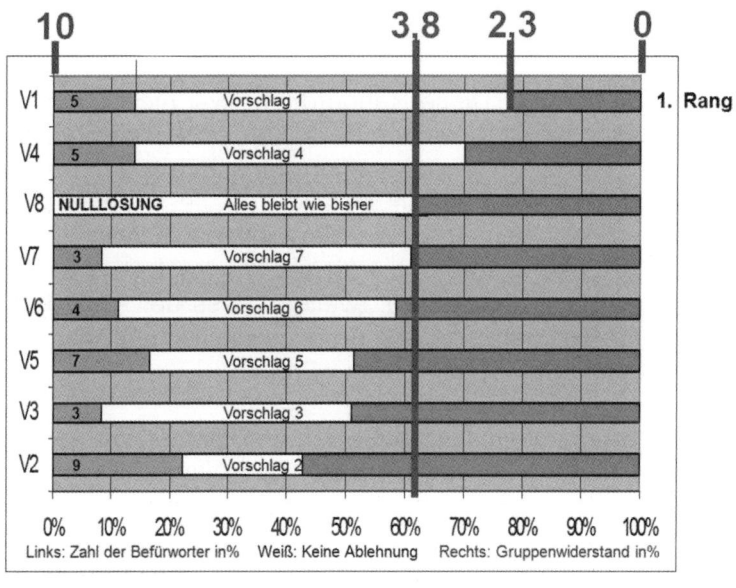

Bild 4: Die Grenze des Zumutbaren

5 Ernster Interessenkonflikt im Berufsalltag

In unserem Praxisfall wurde der Vorschlag auf Rang 1 von der ganzen Gruppe im Durchschnitt mit 2,3 W-Stimmen (bzw. 23 %) abgelehnt. Das war ein Wert, der sehr hohe Akzeptanz zeigte. Konflikte beginnen vorwiegend bei Durchschnittswerten im Bereich von fünf W-Stimmen (bzw. 50 %). Die Null-Lösung zeigte der Gruppe außerdem, dass sie ab einem Grenzwert von 3,8 W-Stimmen nicht bereit war, schlechter gereihte Vorschläge zu verwirklichen. Damit hatte die Gruppe in diesem Konflikt einen genauen Messwert für die Grenze des für sie Zumutbaren selbst gefunden.

Alle hatten erkannt: Diese Rangordnung war nicht durch verbale Überlegenheit einzelner Personen erzwungen worden, sondern aus einer gemeinsamen Einschätzung hervorgegangen. Es war, als hätten sie alle trotz des Konfliktes ein übergeordnetes gemeinsames Bewusstsein entwickelt, das ihnen jene Lösung zeigte, die für alle die tragbarste war. Es gab keinen Grund daran zu zweifeln, dass der erstgereihte Vorschlag vom ganzen Lehrkörper gemeinschaftlich am erfolgreichsten umgesetzt werden würde.

An den freudig erleichterten Gesichtern konnten wir ablesen, dass der Konflikt behoben war. Ohne weitere Diskussionen waren alle zufrieden und beglückwünschten uns.

Dieser Konfliktfall zeigt anschaulich, wie verschieden Entscheidungen ausfallen können, je nachdem, ob man das minimale Konfliktpotenzial aller Beteiligten anstrebt oder ob man nur den Willen einer relativen Mehrheit erfüllen will. Dementsprechend unterschiedlich sind auch die Reaktionen der Betroffenen. Im ersten Fall werden die Bedürfnisse von

5 Ernster Interessenkonflikt im Berufsalltag

Minderheiten und Splittergruppen mit berücksichtigt, im zweiten Fall nicht.

Kurze Zusammenfassung

Das traditionelle Mehrheitsprinzip ist bei der Beurteilung von mehr als zwei Entscheidungsalternativen überfordert. Es liefert eine wenig aussagekräftige, meist flache Stimmenverteilung. Wir wissen jetzt, dass es unter den sieben Vorschlägen der Lehrkräfte einen gab, der das Problem löste und von einer überwältigenden Mehrheit mitgetragen wurde, während dieser Vorschlag vom traditionellen Mehrheitsprinzip nicht einmal entdeckt wurde, sondern irgendwo abgeschlagen im Mittelfeld landete.

Hier zeigt sich der große Unterschied der beiden Prinzipien. Bei völlig identischer Ausgangslage versagte das eine Prinzip und entfachte den Konflikt, während das andere die optimale Lösung fand und den bereits entfachten Konflikt auflöste. Besonders sollte beachtet werden, dass bei der Konfliktlösung nicht um einen Kompromiss gefeilscht werden musste, sondern der erstgereihte Vorschlag als zufriedenstellende Gesamtlösung anerkannt wurde. Das bedeutete überdies eine große Zeitersparnis.

ða# 6 Macht ade

Uneinsichtige, machtorientierte Menschen werden auch beim Konsensieren versuchen, ihre eigenen Interessen auf Biegen und Brechen durchzusetzen. Sie suchen sofort nach Tricks, mit denen sie beim Konsensieren die anderen überlisten können. Also befassen sie sich erst gar nicht mit den Vorschlägen anderer, sondern lehnen diese unbesehen und total mit 10 Widerstandstimmen ab. Sie fragen sich auch nicht, welcher Vorschlag ihnen der zweit-, dritt-, oder viertliebste wäre, sie sind nur darauf fixiert, ihre eigene Wunschlösung durchzuboxen.

Daher wäre die Bewertung mit Widerstandstimmen schlichtweg unbrauchbar, wenn man diesen machtorientierten Schlaumeiern nichts entgegenzusetzen hätte.

Doch lassen Sie sich überraschen: Die Gesetzmäßigkeiten des Konsensierens lassen alle Motive von Egozentrik bis Machthunger ungebremst gegen die Wand fahren. Wer versucht, mit seinen Bewertungen Macht auszuüben, schneidet sich zumeist ins eigene Fleisch. Statt des erwünschten persönlichen Erfolgs wird sich derjenige mit machthaberischem und taktischem Konsensieren selbst austricksen.

Hierzu ein einfaches Beispiel. Es stammt zwar nicht aus dem Wirtschaftsleben, ist aber deswegen interessant, weil es wirklich der erste Versuch war, einen Konflikt durch Konsensieren zu lösen, und weil es leicht verständlich ist: Die Geschichte vom Familien-Mittagstisch ist eine wahre Begebenheit.

6 Macht ade

Es geht um das gemeinsame Mittagessen einer vierköpfigen Familie bei einem Campingurlaub: Vater, Mutter, die 10-jährige Tochter und der 8-jährige Sohn machen folgende Essensvorschläge:

Vater möchte: Linsen mit Speck
Mutter hätte am liebsten: Gemüse-Laibchen
Tochter will einen: Fitnessteller
Sohn hätte gerne: Spaghetti Carbonara

Eine Mehrheitsabstimmung, bei der jeder für seinen Vorschlag stimmt, ergibt wie so oft ein Patt. Würden die Eltern sich auf eine gemeinsame Speise einigen, wäre ein Protestgeschrei der Kinder die Folge. Würden die Eltern zugunsten von einem der beiden Kinder stimmen, wäre das andere tief gekränkt. Eine ausweglose Situation für nicht autoritäre, friedliebende Eltern!

Daher wird konsensiert.

Wie schauen die persönlichen Vorlieben und Abneigungen in der Familie aus?

Vater möchte Linsen mit Speck, mag den Fitnessteller nicht allzu gerne, Spaghetti sind in Ordnung und Gemüse-Laibchen findet er auch delikat.

Mutter wünscht sich Gemüse-Laibchen. Sie achtet auf ihre Figur, wäre mit dem Fitnessteller einigermaßen einverstanden. Linsen mit Speck und Spaghetti lehnt sie ab.

6 Macht ade

Die Tochter will den Fitnessteller, lehnt Gemüse-Laibchen total ab, Figur-Gründe sprechen auch gegen Spaghetti. Linsen liebt sie nicht sehr.

Der Sohn liebt Spaghetti, mag keine Gemüse-Laibchen, der Fitnessteller ist akzeptabel. Linsen mag er weniger.

Die Eltern konsensieren ihren Vorlieben gemäß. Doch jedes der Kinder möchte vor allem sich und seinen Wunsch gegen alle anderen durchsetzen – genau so, wie die am Anfang dieses Kapitels erwähnte Spezies der machtorientierten Menschen. Sie lehnen daher alles außer ihrem eigenen Essensvorschlag maximal ab. Das Ergebnis:

	Vater	Mutter	Tochter	Sohn	WIST
Linsen mit Speck	0	8	10	10	28
Gemüse-Laibchen	0	0	10	10	**20**
Fitnessteller	7	4	0	10	21
Spaghetti	4	8	10	0	22

Die Gemüse-Laibchen werden mit nur 20 W-Stimmen von allen gemeinsam am wenigsten abgelehnt und sind daher konsensiert. Nach kurzer Pause der Überraschung beginnt das Protestgeheul der Kinder. "Gemüse-Laibchen mag ich überhaupt nicht!" sind sich beide Kinder einig. Keiner ihrer Wünsche ist zum Zug gekommen.

Aber warum?

6 Macht ade

Wer alle anderen Vorschläge, außer dem eigenen undifferenziert mit jeweils 10 W-Stimmen ablehnt, vergibt seine Chance, die Entscheidung positiv für sich zu beeinflussen, falls der eigene Vorschlag nicht zum Zug kommt. Er überlässt damit die Entscheidung den anderen. Im Beispiel sehen wir, dass die Reihenfolge der Speisen genau so erfolgt ist, als hätten die Eltern allein konsensiert. Diese hatten keinen Einwand gegen die Gemüselaibchen, und damit war diese Entscheidung gefallen.

Die Eltern erklären den Kindern diese Zusammenhänge. Die Kinder verstehen sofort, und ihrem Wunsch entsprechend wird nochmals konsensiert. Diesmal geben sie die maximalen W-Stimmen (10) den Speisen, die sie wirklich nicht mögen, die ihnen wirklich "weh tun". Sie haben verstanden, dass man beim Konsensieren seine eigenen Interessen am besten vertritt, wenn man die Vorschläge der anderen nach den eigenen Bedürfnissen abgestuft bewertet.

Beim neuerlichen Konsensieren wird daher ehrlich gewertet:

	Vater	Mutter	Tochter	Sohn	WIST
Linsen mit Speck	0	8	6	7	21
Gemüse-Laibchen	0	0	10	10	20
Fitnessteller	7	4	0	4	15
Spaghetti	4	8	5	0	17

Nun sind sogar die Kinder zufrieden (An der Tabelle erkennen wir auch den Grund ihres vorherigen Protestes: Nach

6 Macht ade

wie vor jeweils 10 W-Stimmen bei den Gemüselaibchen!). Nun haben sie nicht mehr das Gefühl, dass jemand „für" oder „gegen" sie gestimmt, sondern dass jeder einfach seinen persönlichen Geschmack in W-Stimmen ausgedrückt hat. Nicht mehr und nicht weniger. Der konsensierte Fitnessteller ist für alle akzeptabel und wird in bester Laune und mit gutem Appetit verspeist. Und die Familie verbringt danach noch einen vergnügten Nachmittag.

Zurück zu unserem Thema. Wir haben gerade eine wichtige Lektion des Konsensierens gelernt, nämlich:

Wer nur mit 0 oder 10 Widerstandstimmen oder alles gleich bewertet, liefert keine Entscheidungsinformation und überlässt damit die Entscheidung den anderen.

Und eine weitere Erkenntnis:

Die W-Stimmen haben eine klärende, reinigende Wirkung, die zu ehrlichem Bewerten der Vorschläge zwingt.

Wir können unsere Interessen nur dann bestmöglich wahren, wenn wir die Vorschläge unseren Bedürfnissen entsprechend bewerten. Dabei sollten wir nicht versäumen, die zweit-, dritt- oder viertbeste Lösung auch nach vorne zu bringen.

Wer Machtstrategien vertritt, riskiert beim Konsensieren, sich selbst damit zu schaden.
Am Beispiel der Kinder sehen wir außerdem, wie schnell die Mitwirkenden lernen. Dieser Lerneffekt hat sich in der Praxis

immer wieder bestätigt: Sobald der Nachteil verstanden wird, unterbleibt machtorientiertes Konsensieren. Die selbstreinigende Wirkung des Konsensierens, die zu mehr Ehrlichkeit zwingt, hat einen positiven Einfluss auf die Beziehungen in der Gemeinschaft. Konsensieren wirkt zum Vorteil aller Beteiligten.

Daraus können wir die erfreuliche Erkenntnis ziehen:

Konsensieren ist Entscheidungsinstrument, ohne ein Machtinstrument zu sein!

7 Entscheidungsfindung

Beim Konsensieren erhalten wir aus der Bewertung mittels Widerstandstimmen eine Rangordnung der Vorschläge. Jener Vorschlag, der an erster Stelle liegt, wird von der Gruppe am wenigsten abgelehnt und gilt daher als konsensiert. Nicht immer kann dieser konsensierte Vorschlag, so wie er ist, beschlossen werden. Wir wenden uns jetzt diesen Sonderfällen zu, um klare Entscheidungen zu erreichen.

Gleichwertige Vorschläge

Manchmal kommt es vor, dass zwei oder mehrere Vorschläge mit exakt der selben Anzahl von Widerstandsstimmen den ersten Rang belegen. In diesem Fall werden die **einzelnen** abgegebenen Widerstandswerte für diese Vorschläge näher betrachtet. Von zwei gleichrangigen Vorschlägen wird immer jener zurückgestuft, der den oder die höchsten Einzelwiderstände aufweist.

Was aber, wenn der bestgereihte Vorschlag zu hohe Ablehnung auslöst?
Es kann vorkommen, dass ein Vorschlag zwar an erster Stelle liegt, aber dennoch in der Gruppe mit zu hohem Widerstand abgelehnt wird. Denken wir nur an die Möglichkeit, dass für ein sehr komplexes Problem keine brauchbaren Lösungen gefunden wurden. Dann werden alle Vorschläge – auch der bestgereihte – relativ hohe Widerstandswerte aufweisen. Oder stellen wir uns einen Interessenkonflikt vor, bei dem alle vorgeschlagenen Lösungen von manchen Betroffenen vehement abgelehnt werden.

7 Entscheidungsfindung

In diesem Fall muss nach weiteren Erfolg versprechenden Lösungen gesucht werden. Doch wer soll entscheiden, wann dieser Punkt erreicht ist, ohne erst recht wieder Diskussionen und Ärger auszulösen? Benötigt wird eine eindeutige Regelung, die festlegt, wann der bestplatzierte Vorschlag als beschlossen gilt und wann nicht. Dafür haben wir ein sehr einfaches Maß gefunden.

Wir können bekanntlich aus den Widerständen, die ein Vorschlag auslöst, ablesen, wie tauglich er für die Gruppe ist. Nehmen wir an, der bestgereihte Vorschlag hat 60 Widerstandsstimmen erhalten.

Das würde alleine noch nichts aussagen. Wir müssen erst wissen, wie viele Personen die Gruppe umfasst und welche Widerstandsstimmen-Skala verwendet wurde. Sagen wir es waren 40 Personen und die Widerstands-Skala ging wie üblich von 0 bis 10. Dann können wir ausrechnen, wie viele Widerstandsstimmen der Vorschlag im Durchschnitt von allen einzelnen Personen erhalten hat.

60 W-Stimmen dividiert durch 40 Personen ergibt 1,5 Widerstandsstimmen je Person im Durchschnitt. Das ist in der Widerstandsstimmen-Skala von 0 bis 10 ein äußerst guter Wert.

Der normierte Widerstand

Den gerade ermittelten Durchschnittswert nennen wir den **normierten Widerstand**. Dieser kann von allen Beteiligten

7 Entscheidungsfindung

auch dem Gefühl nach sehr gut nachvollzogen werden, da er in jenem Skalenbereich liegt, von dem alle Teilnehmer bei ihren Bewertungen ausgegangen sind. Wie wir schon im Praxisfall sehen konnten, wissen nun alle aus eigener Anschauung, wie die Gruppe als Gesamtheit diesen Vorschlag beurteilt.

Der erzielte Konsens ist somit **zu einer messbaren Größe** geworden. Wir verfügen mit dem „normierten Widerstand" über einen **Kennwert, anhand dessen beurteilt werden kann, ob ein Vorschlag entscheidungsreif ist oder nicht.**

Der „normierte Widerstand" macht auch verschiedene Konsensierungen mit verschiedenen Themen und unterschiedlich vielen Personen hinsichtlich des erzielten Konsenses vergleichbar.

Die Erfahrung zeigt, dass tragfähige Lösungen einen „normierten Widerstand" **zwischen 0 und 5** haben sollten. Werte, die darüber liegen, sind Anlass zu einer neuerlichen Lösungssuche, weil sie in der Gruppe Bedenken, Unzufriedenheit und Konflikte auslösen.

Die Null-Lösung als „Grenze des Zumutbaren" wurde bereits im Beispiel auf Seite 43/ Bild 4) gezeigt. Sie gibt an, welcher normierte Widerstand nicht überschritten werden darf. Wenn sie überhaupt auf dem ersten Rang liegt, so kommt keiner der vorliegenden Lösungsvorschläge für die Entscheidung in Frage.

8 Konsensieren in der Praxis

In den meisten Gremien wird durch Handheben abgestimmt. Das geht schnell, und man ist es gewohnt. Wer eine starke Mehrheit hinter sich weiß, muss sich dabei nicht einmal Gedanken machen, ob es möglicherweise bessere Vorschläge geben könnte, als den eigenen, den man durchsetzen möchte.

Solange jemand nicht weiß, wie „Konsensieren" funktioniert, und wie viel stimmiger die Ergebnisse dabei sind, wird er kaum einsehen, warum er alle Vorschläge, um die er sich sonst nie kümmern müsste, einzeln bewerten sollte.

Lange und hitzige Debatten ist man gewöhnt, aber die Abstimmung soll dann sehr schnell gehen. Die Bereitschaft für Konsensieren sinkt besonders dann, wenn die Zahl der Abstimmenden groß ist (z.B. 10 bis 50 Personen). Dann scheint der Aufwand für die Erfassung und Auswertung der Daten zu groß.

Doch diesen Aufwand nehmen Kenner des Konsensierens gerne in Kauf, weil sie wissen, dass der gesamte Prozess der Lösungssuche samt Bewertung und Entscheidung wesentlich schneller, friedlicher, geordneter und zielführender abläuft, als nach dem üblichen Mehrheitsprinzip. Zeitraubende Streitgespräche und Polemiken fallen weg, Konflikte werden aufgelöst, es findet ein Interessenausgleich statt, und die sich fortsetzenden Sieger-Verlierer-Konflikte werden weitgehendst vermieden.

8 Konsensieren in der Praxis

Um den Bewertungsvorgang abzukürzen, haben wir verschiedene Hilfsmittel entwickelt.

Folgende Hilfsmittel haben sich beim Konsensieren in der Praxis bewährt:

Sämtliche der allgemein bekannten Hilfen für Moderatoren können auch bei der Lösungssuche verwendet werden. Die ermittelten Vorschläge sollten sichtbar gemacht werden, z.B. auf einem Flipchart oder per Beamer auf einer Leinwand.

Bei Konsensierungen mit bis zu 100 Personen verwenden wir unsere Konsensierungskarten, die in einem Fächer angeordnet sind. Beim Bewerten eines Vorschlags hält jedes Gruppenmitglied die Karte mit seinem Widerstandswert hoch. Ein Gruppenmitglied zählt die W-Stimmen zusammen und notiert diese sichtbar für alle Beteiligten auf einem Medium.  Als sehr empfehlenswert hat sich erwiesen, dass alle gleichzeitig ihren Widerstandswert herzeigen. Dadurch wird ausgeschlossen, dass sich unentschlossene Teilnehmer an anderen orientieren.

Die Konsensierungsfächer können bei www.isyKonsens.de oder www.traumfirma.de bestellt werden.

8   Konsensieren in der Praxis

Wenn **geheim** konsensiert werden soll, zeigen wir die Entscheidungs- bzw. Lösungsvorschläge „A-P" sichtbar z.B. auf einem Flipchart oder per Beamer auf einer Leinwand.

Jeder Teilnehmer bekommt einen Konsensierungszettel, auf der er seine Widerstände der angezeigten Vorschläge „A-P" eintragen kann.

Danach sammeln wir die Konsensierungszettel ein und übertragen die Widerstände auf ein Flipchart. Wenn technisch möglich, übertragen wir die Widerstände vor den Teilnehmern mit Hilfe eines Tabellenkalkulationsprogramms per Notebook und Beamer auf eine Leinwand.

Bei mehr als 16 Vorschlägen verwenden wir ein Konsensierungsblatt. Größe DIN A 4 oder DIN A 5 - siehe nächstes Bild. Hier haben 26 Vorschläge von „A-Z" Platz.

8 Konsensieren in der Praxis

Für drängende Situationen, in denen es wirklich schnell gehen muss, oder auch bei der Einführung des Konsensierens – selbst in großen Gruppen – gibt es eine einfache und schnelle Variante der Bewertung. Der Moderator kann damit sehr rasch feststellen, wie hoch der Widerstand in der gesamten Gruppe gegen die einzelnen Vorschläge ist. Die Genauigkeit hierbei muss nur ausreichen, um eine Rangordnung der Vorschläge zu bilden. Dabei werden die Vorschläge für alle Beteiligten sichtbar gemacht und nacheinander bewertet.

Es wird eine eingeschränkte Widerstandstimmen-Skala von 0 bis 2 W-Stimmen verwendet und der Widerstand durch Handheben ausgedrückt:

8 Konsensieren in der Praxis

- **Keine Hand heben (0 W-Stimmen):**
  Ich habe nichts gegen diesen Vorschlag, das heißt, ich werde ihn mittragen!
- **Eine Hand heben (1 W-Stimme):**
  Ich habe ernste Vorbehalte gegen diesen Vorschlag. (50% Ablehnung)
- **Beide Hände heben (2 W-Stimmen):**
  Ich lehne diesen Vorschlag total ab. (100% Ablehnung)

Der Moderator nennt einen Vorschlag und fordert alle Gruppenmitglieder gleichzeitig auf, ihren Widerstand gegen diesen Vorschlag durch Heben einer Hand, beider Hände oder keiner Hand auszudrücken. Er zählt die erhobenen Hände ab und notiert diese Zahl zu dem jeweiligen Vorschlag. Dadurch wird sofort jene Lösung sichtbar, die von allen gemeinsam am wenigsten abgelehnt wird, also in der Rangordnung an erster Stelle liegt.

Es muss den Beteiligten auch hier, schon vor der Lösungssuche, verständlich gemacht werden, dass jener Vorschlag zum Zug kommen wird, der bei allen gemeinsam den geringsten Widerstand hervorruft.

Außerdem sehen alle Beteiligten, welche Vorschläge mehr abgelehnt werden als die Nulllösung. Mit diesen schlechter gereihten Vorschlägen braucht sich die Gruppe nicht weiter aufzuhalten. Hingegen sind alle Vorschläge zu beachten, die

8　Konsensieren in der Praxis

besser als die Nulllösung gereiht sind. Sie können sich auf ganz unterschiedliche Teilprobleme beziehen.

Anders als beim ausführlichen Bewerten mit einer Skala von 0 bis 10 liegt hier der „normierte Widerstand" zwischen 0 und 2. Multipliziert man die durch Handheben ermittelten Widerstände mit 5, kann man sie mit den Konsensierungsergebnissen der genauen Skala vergleichen (siehe vorhergehendes Kapitel). Mit dem vereinfachten Konsensieren durch Handheben kommt man umso näher an die Ergebnisse des ausführlichen Konsensierens heran, je mehr Personen daran beteiligt sind. Ab 7 bis 10 Personen wird die nötige Genauigkeit erreicht. Falls auf dem ersten Rang oder in dessen Nähe mehrere Vorschläge liegen, kann der Moderator für diese wenigen die Genauigkeit mittels einer W-Stimmen-Skala von 0 bis 10 erhöhen.

Vereinfachtes Konsensieren durch Handheben hat gegenüber der Mehrheitsabstimmung durch Handheben einen weiteren bemerkenswerten Vorteil: Es bietet auch jenen Personen eine Ausdrucksmöglichkeit, die einem Vorschlag weder voll zustimmen können, noch ihn total ablehnen und deshalb bei der Abstimmung weder mit JA noch mit NEIN stimmen wollen, sondern sich der Stimme enthalten. Beim Konsensieren können sie einen Zwischenwert verwenden, der keine totale Ablehnung darstellt und doch ihre Bedenken ausdrückt. Einer der wichtigsten Gründe für Stimmenthaltungen fällt dadurch weg. Außerdem kann durch Konsensieren im Gegensatz zur traditionellen Abstimmung über viele Vorschläge zugleich entschieden werden.

8 Konsensieren in der Praxis

Wenn die Bewertung durch Handheben auch nicht so detailliert ist, wie bei der üblichen Widerstands-Skala von 0 bis 10, so bleiben doch die gruppendynamischen Wirkkräfte des Konsensierens erhalten. Das vereinfachte Konsensieren kann auch angewendet werden, wenn aus einer sehr großen Lösungsvielfalt eine Vorauswahl der ranghöchsten Vorschläge ermitteln werden soll. Zum Beispiel jene Vorschläge, die besser gereiht sind als die Nulllösung. Wenn es um wichtige und weitreichende Entscheidungen geht, wird man anschließend diese ranghöchsten Vorschläge genauer bewerten, um deren endgültige Reihung zu erhalten.

Beim Konsensieren in einem Saal mit einer Großgruppe haben wir die W-Stimmen von 0 bis 10 per Handy an unseren PC schicken lassen und dadurch den Zeitaufwand der Datenerfassung auf einen Bruchteil gesenkt.

Bei Großgruppen können Sie die Eingabe der Werte zu einem spannenden Erlebnis machen, indem Sie diesen Vorgang auf eine Leinwand projizieren. Eine Vertrauensperson liest die Werte von den Konsensierungszetteln laut sprechend ab, und eine andere trägt sie am PC in die Tabelle ein. Die Zuschauer können dadurch die Richtigkeit der Eingabe überprüfen und verfolgen gleichzeitig sehr gespannt, wie sich die Ergebnisse entwickeln.

Seit März 2012 steht ein IT-Programm für Online-Konsensierungen zur Verfügung. Es kann von der Homepage www.sk-prinzip.eu über den Druckknopf **„zum online KONSENSIEREN"** aufgerufen werden und wird durch be-

8 Konsensieren in der Praxis

gleitende Video's erklärt. Damit können Gruppen jeder Größe orts- und zeitungebunden weltweit konsensieren.

An dieser Stelle weisen wir darauf hin, dass Sie grundsätzlich frei sind, mit den beteiligten Personen eine andere Widerstands-Skala zu vereinbaren, z. B. von 0 bis 6 usw. Unsere Erfahrung hat allerdings gezeigt, dass die meisten Menschen ihre Ablehnung mit einer Skala von 0 bis 10 sehr gut ausdrücken können. Daher arbeiten unsere IT-Programme mit der Skala 0 bis 10.

Wie Sie im Kapitel 11 sehen werden, haben wir bei Schulkindern mit Bildsymbolen und einer sechsteiligen Widerstandsskala gearbeitet.

Wir bemühen uns laufend, Konsensieren immer mehr zu vereinfachen.

In der Praxis hat es sich z.B. bewährt, vor einer endgültigen Konsensierung zuallererst eine Richtungs- bzw. eine Trend-Konsensierung durchzuführen.

Wenn Sie an unseren neuesten Erkenntnissen Interesse haben, so empfehlen wir **Ihnen,** mit uns Kontakt aufzunehmen, oder an unseren Seminaren teilzunehmen.

Weitere Infos erhalten Sie unter www.isyKonsens.at und www.isyKonsens.de oder E-Mail: paulus@traumfirma.de

9 Kooperative Entscheidungsvorbereitung

Bisher wurde als selbstverständlich vorausgesetzt, dass alle Beteiligten beim Konsensieren gleichberechtigt mitwirken. Wie schon erwähnt, kann Konsensieren auch anonym durchgeführt werden, damit sich Abhängigkeiten in der Gruppe und versteckte Machtverhältnisse nicht auf die Entscheidungen auswirken.

Aber wie sieht dies in den hierarchischen Organisationsformen unserer Gesellschaft aus? Wie kann eine Führungskraft auf irgendeiner Stufe einer Hierarchie Vorteile aus dem Konsensieren ziehen?

Die Antwort darauf heißt:
„Kooperative Entscheidungsvorbereitung".

Dabei werden vor einer Entscheidung die Kreativität und Erfahrung der Mitarbeiter nutzbringend eingesetzt. Die verfügbare Intelligenz der Mitarbeiter durch Konsensieren optimal zu nutzen, kann Teil der Unternehmensstrategie sein oder auch von einzelnen Führungskräften an beliebiger Stelle der Hierarchie verwendet werden.

Vorgehensweise: Die Mitarbeiter erhalten eine Beschreibung des zu lösenden Problems und die dazu benötigten Informationen. Sie werden eingeladen, verschiedene Lösungen zu entwickeln und anschließend zu bewerten. Die Führungskraft kann die Rolle des Moderators übernehmen. Die aus den Bewertungen entstehende Rangordnung der Vorschläge zeigt dem Vorgesetzten, wie hoch die Widerstände der Mitarbeiter zu den einzelnen Lösungsvorschlägen sind.

9 Kooperative Entscheidungsvorbereitung

Mit dieser Methode stehen für die Entscheidung ungleich mehr Informationen, Erfahrungen, Ideen und Lösungsvorschläge zur Verfügung, als sie in Einzelgesprächen gewonnen werden könnten. Die Führungskraft hat also eine solide Basis, anhand der sie ihre Entscheidung nach bestem Wissen und Gewissen treffen kann. Nach wie vor ist die Führungskraft letztlich für die Entscheidung verantwortlich. Sie hat während der Lösungssuche alle Argumente der Mitarbeiter kennengelernt, und weiß anhand der Bewertungen nun sehr genau, wie die einzelnen Vorschläge von den Mitarbeitern mitgetragen werden würden. Das ist vor allem dann von besonderer Bedeutung, wenn es um die Lösung eines Problems geht, von dem die Mitarbeiter direkt oder auch indirekt betroffen sind.

Eine Entscheidung der Führungskraft gegen den bestgereihten Vorschlag ist selbstverständlich möglich. Eine gute Begründung dafür liegt auch im Interesse der Führungskraft. Denn falls sich diese Entscheidung nicht bewährt, riskiert die Führungskraft das Vertrauen in ihre Kompetenz. Sie wird sich also im Normalfall zum eigenen Vorteil mit den gemeinsam erarbeiteten Vorschlägen und deren Rangordnung eingehend befassen, ohne vorschnell einsame Entscheidungen zu treffen. Dadurch ergibt sich eine Fülle von Vorteilen, von denen hier die wichtigsten genannt seien:

- Obwohl die Mitarbeiter für die Entscheidung nicht verantwortlich sind, helfen sie ihrem Vorgesetzten die Entscheidungslast zu tragen.

9 Kooperative Entscheidungsvorbereitung

- Die Mitarbeiter werden ihren bestgereihten Vorschlag am besten mittragen und mit den geringsten Reibungsverlusten umsetzen.

- Managemententscheidungen gehen nicht mehr am Wissen und den Bedürfnissen der Basis vorbei.

- Motivation und Identifikation der Mitarbeiter mit ihrer Arbeit und dem Unternehmen steigen.

- Die Kreativität der Mitarbeiter wird für alle sichtbar anerkannt, was einen starken Ansporn ergibt.

- Führungskräfte und Mitarbeiter ziehen an einem Strang und werden so zu einer harmonischen Gemeinschaft.

- Anstelle von Intrigen und Machtkämpfen wird die Fähigkeit, konsensfähige Lösungen vorzuschlagen, zur Basis der Mitarbeiterbeförderung.

- Geistig rege Mitarbeiter fallen besonders auf. Es entsteht ein anregender Wettbewerb, der den Erfolg aller fördert.

Diese Vorteile der „Kooperativen Entscheidungsvorbereitung" greifen auf allen Managementebenen, auf denen gemeinsame Aufgaben und Probleme optimal gelöst werden sollen.

Die Methode kann an beliebiger Stelle der Hierarchie begonnen, und dann auf das gesamte Unternehmen ausgedehnt

9 Kooperative Entscheidungsvorbereitung

werden. Dadurch kommt ein kreativer Informationsfluss auch von unten nach oben in Gang. Eine aufbauende Zusammenarbeit über alle Ebenen der Hierarchie wird möglich. Das Unternehmen kann trotz Hierarchie wie ein kompaktes Team zusammenarbeiten.

Es gibt auch eine Reihe von Vorteilen für die Mitarbeiter, von denen wir hier die herausragendsten nennen:

- Da ihre Kreativität geschätzt wird, empfinden sich die Mitarbeiter gegenüber dem Unternehmen/der Organisation nicht mehr so bedeutungslos, sondern beachtet. Dies fördert die Arbeitsfreude, die Motivation und das Engagement.

- Der Interessengegensatz zwischen Managern, Führungskräften und Mitarbeitern wird abgebaut. Stress wird reduziert und das Arbeitsklima durch den Einfluss des Konsensierens deutlich verbessert.

- Durch die kooperative Beteiligung der Mitarbeiter werden ihre Anliegen und Interessen dem übergeordneten Management "automatisch" bekannt und vernünftigerweise auch berücksichtigt.

Durch die „Kooperative Entscheidungsvorbereitung" erhält die Belegschaft zu Recht das Gefühl, in einer wohlwollenden Umgebung zu arbeiten, in der jeder Versuch anerkannt wird, sich mitgestaltend einzubringen.

10 Konsensieren in der Politik

Wir wollen in diesem für Wirtschaftsunternehmen geschriebenen Buch auf die Anwendungen in der Politik nur am Rande eingehen. Doch wir tragen damit einer Frage Rechnung, die uns bei Vorträgen und Seminaren immer wieder gestellt wird, sobald Konsensieren und seine konfliktlösende Wirkung verstanden oder miterlebt worden ist. Wir werden immer wieder gefragt, was wir tun, damit einflussreiche Politiker von dieser bahnbrechenden Methode Notiz nehmen. Eine weitere Frage lautet: Wie könnte eine zukünftige Politik unserer Meinung nach aussehen?

Da wir annehmen, dass auch unsere geschätzten Leserinnen und Leser solche Fragen stellen könnten, gehen wir kurz darauf ein:

Wenn Politiker das Konsensieren erproben würden, müssten sie erkennen, wie sie bisher ihre Kräfte vergeuden. (Zur Entschuldigung der Politik sei erwähnt, dass sie bisher keine bessere Methode hatte). Mit der Möglichkeit des „Konsensierens" haben Politiker jetzt jedoch ein Mittel, die Welt konfliktfreier zu gestalten.

Dazu ist jedoch eine Vorbemerkung wichtig:

Die Reaktionen auf die entzweiende Wirkung der Mehrheitsabstimmung sind menschlich und „normal". Interessenkonflikte arten dadurch häufig zum Gegeneinander aus. Und zwar nicht als Folge menschlicher Unzulänglichkeit, sondern systemisch bedingt. Es entsteht eine Verzerrung des Wirk-

10 Konsensieren in der Politik

lichkeitsbildes, eine Schwarz-Weiß-Zeichnung, welche Gegensätze überzeichnet und keine Grautöne zulässt...[1]

Die neue Methode soll nicht als Kritik an der Demokratie aufgefasst werden. Im Gegenteil: Konsensieren ist die größte Chance der Demokratie seit ihrer Konstituierung! Die Anwendung des Konsensierens kann in der Politik unglaublich positive Veränderungen bewirken.

„Zu schön, um wahr zu sein", werden Sie vielleicht am Ende dieses Kapitels denken. Wir – und viele andere Mitbürger, die den Wert des Konsensierens erkannt haben – sind davon überzeugt, dass diese Chance Wirklichkeit werden wird. (Ca. 90 % der Teilnehmer unserer Vorträge und Seminare sind vom Konsensieren begeistert und wünschen sich dessen Einsatz in der Politik). Wir glauben, dass dies nur eine Zeitfrage ist.

Immer mehr Unternehmen beginnen bereits, die Vorteile des Konsensierens für sich gewinnbringend zu nutzen. Warten wir ab, bis der Funke auf die Politik überspringt. Einige Politiker meinten, zuerst müsste eine andere Gesetzeslage geschaffen werden, damit man das Konsensieren anwenden könne.

Eindeutige Antwort: „ NEIN".

---

[1] Zitiert aus: Visotschnig/Schrotta, Das SK-Prinzip – Wie man Konflikte ohne Machtkämpfe löst, 2005. Ueberreuter, S.81, 3. Beobachtung

10 Konsensieren in der Politik

Konsensieren kann als Instrument der „kooperativen Entscheidungsvorbereitung" eingesetzt werden. Wenn die Beteiligten aller Parteien aufgrund der „kooperativen Entscheidungsvorbereitung" jenen Gesetzesentwurf gefunden haben, den sie gemeinsam am wenigsten ablehnen, kann man auch nach der jetzigen Gesetzeslage darüber abstimmen. Es wird dann vermutlich meistens eine große Mehrheit für den vorher gemeinsam ausgearbeiteten Vorschlag geben. Aber wer weiß, vielleicht wird „Konsensieren" tatsächlich einmal per Gesetz eingeführt.

Unter den Bedingungen des Konsensierens würden politische Gremien jeder Art wesentlich leichter, schneller und weniger kampfbetont entscheiden können. Blockaden wären ausgeschlossen. Alle politischen Parteien könnten im Parlament konstruktiv mitwirken. Es ginge nicht mehr darum, eine Mehrheit zu bilden, um einen Vorschlag durchzubringen. Der Erfolg würde nur von der Qualität der Vorschläge aus der Sicht aller Parteien, auch der Minderheiten abhängen, die ihre Bewertungen – mit dem Gewicht ihrer Mandate ausgestattet – abgeben würden. Damit hätten auch die Anträge von Kleinparteien bei entsprechender Qualität gute Chancen auf Erfolg. Die Opposition würde sich vom bloßen Kritiker und Querulanten zu einer Verantwortung tragenden Kraft wandeln.

Es würde ein konstruktiver Wettbewerb aller Parteien um tragbare Lösungen stattfinden. Auch nachhaltige Lösungen, die nicht nur auf die nächsten Wahlen abzielen, wären damit durchsetzbar. Denn nun ginge es ja um das neue Erfolgskriterium, nämlich den „Konsenstreffer" zu landen. Und es

10 Konsensieren in der Politik

würden erstmals in der Geschichte der Demokratie, anhand der Konsenstreffer Vergleichswerte über die Leistungen aller Parteien zur Verfügung stehen. Der Wähler hätte damit eine objektive Grundlage für sein Verhalten bei den nächsten Wahlen. Der Zwang zur Bildung mehrheitsbegründender Koalitionen würde entfallen. Das Parlament wäre in jeder Zusammensetzung und mit beliebig vielen Parteien beschlussfähig und könnte nicht blockiert werden. Vorzeitige Neuwahlen und monatelang lähmende Koalitionsverhandlungen wären dann unrühmliche Erinnerungen an die Vergangenheit.

Wer sich damit einmal intensiver auseinandergesetzt hat, dem fällt es wie Schuppen von den Augen, welchen nutzlosen Aufwand sich demokratische Politik unter den Zwängen des Mehrheitsprinzips leistet. Dabei darf nicht übersehen werden, dass den handelnden Politikern durch das demokratische Mehrheitssystem die Hände gebunden sind. Wer in den Ring demokratischer Politik steigt, muss sich den derzeit wirkenden Zwängen beugen, die eine Vergeudung von wertvoller Zeit und Volksvermögen geradezu bedingen.

Wenn Politiker jedoch Kenntnis von den Vorteilen des neuen Entscheidungsprinzips erhalten, dann wäre es ihre Pflicht, dafür einzutreten. In Abwandlung eines Scherzes von Al Gore, dem einstigen Amerikanischen Präsidentschafts-Kandidaten, fällt es einflussreichen Persönlichkeiten allerdings sehr schwer „etwas zu verstehen, wenn sie ihre Vorteile daraus ziehen, es nicht zu verstehen".

10 Konsensieren in der Politik

Die Vertretung des Volkes hat die Verpflichtung, in ihren Entscheidungsprozessen die besten Kräfte und die wirksamsten Methoden einzusetzen und nicht im trüben Wasser des überflüssig gewordenen Parteienstreits und Wählerfanges weiter um die Macht zu kämpfen. Doch dieser Verpflichtung wird sie erst nachkommen, wenn sie Gefahr läuft, sonst ihre Wähler zu verlieren. Daher sind die Vorbilder im Management der Unternehmen und Organisationen von ganz besonderer gesellschaftlicher Bedeutung.

Unter den Bedingungen des „Konsensierens" gilt das „Machtparadoxon": Wer Macht auszuüben versucht, wird Ablehnung ernten. Damit ist er beim Konsensieren zur Erfolglosigkeit verurteilt. Daher werden Machtkämpfe kontraproduktiv. Die Parteien könnten ihre Energie für konstruktive Politik einsetzen. Mit dem Ende des abstoßenden Parteienstreits würde auch ein wichtiger Grund für die Politikverdrossenheit der Bevölkerung wegfallen.

Eine Partei, die das Konsensieren intern einsetzt, hat Vorteile gegenüber den anderen. Sie setzt damit die Kreativität aller verfügbaren Kräfte für die Lösung schwieriger Herausforderungen ein und entscheidet sich parteiintern für jene Lösung, welche von den meisten mitgetragen wird. Dadurch kann sie sich Flügelkämpfe ersparen und nach außen hin geschlossen auftreten. Aus all dem ergibt sich die enorme Aufgabe, das Wissen über das Konsensieren auch unter Politikern zu verbreiten.

Wir sind überzeugt, dass in der Wirtschaft die Vorteile des Konsensierens früher genutzt werden, als in der Politik.

10 Konsensieren in der Politik

Diese Entwicklung hat erfreulicherweise bereits begonnen. Die größten Hoffnungen aber setzen wir in die nächste Generation. Schon wird in den ersten Schulen Konsensieren geübt. Junge Menschen von heute werden diese einfache Methode bald erlernen und später als Stimmberechtigte auch von der Politik einfordern. Das nächste Kapitel ist daher der Jugend gewidmet.

11 Konsensieren für Kinder u. Jugendliche

Kinder im Vorschulalter

Fangen wir bei den Kleinsten an. Bereits im Kindergarten können unsere Kinder spielerisch das Konsensieren erlernen. Indem sie zum Beispiel entscheiden, was als nächstes gespielt werden soll, welches Lied sie erlernen wollen, welchen Namen die Gruppe haben soll usw.

Kann es etwas Besseres geben, als dass unsere Kinder (welche unsere Hoffnungen für eine bessere Zukunft tragen) bereits im Kindergarten lernen, wie man **gemeinsam** konfliktfrei entscheidet? Wir versichern Ihnen, dass die Kinder den größten Spaß dabei haben und ganz nebenbei ihren Gemeinschaftssinn schulen.

Unsere Kleinsten erlernen mit Konsensieren eine sehr spezielle und wirkungsvolle Fähigkeit, deren Erfolg ihnen später zugute kommt.

Wir würden uns freuen, wenn uns Erzieher über ihre Erfahrungen mit dem Konsensieren berichten.
(Bitte nehmen Sie dazu Kontakt mit uns über www.konsensieren.net oder www.traumfirma.de. auf.

(Interessante Einsendungen werden wir als Anregung für ihre Kollegen und Kolleginnen im Internet veröffentlichen.)

Obwohl Kinder im Vorschulalter den tieferen Hintergrund des Konsensierens noch nicht durchschauen, können sie unter der einfühlsamen Anleitung von Erwachsenen mühelos lernen gemeinsam rücksichtsvoll zu entscheiden. Wir können

11 Konsensieren für Kinder u. Jugendliche

nicht früh genug damit anfangen, denn die Kinder lernen so im gemeinsamen Spiel Interessenkonflikte zu lösen und ersparen sich völlig unnötige Niederlagen.

Wie gehen wir dabei am besten vor? Kinder können im Kindergarten nach Herzenslust spielen, was sie wollen. Aber von Zeit zu Zeit sitzen sie im Kreis mit der Kindergärtnerin beisammen. Sie hat für jedes Kind sechs Symbolkarten in DIN A 5 Größe, auf denen Sonne, Wolken, Regen oder Gewitter zu sehen sind.

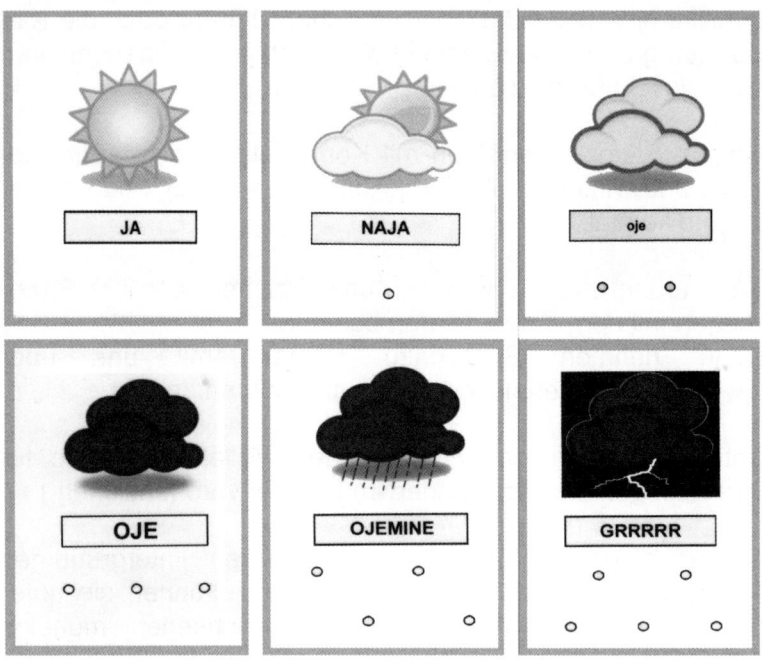

11 Konsensieren für Kinder u. Jugendliche

Jedes der Kinder breitet seine Karten vor sich aus. Dann fragt die Kindergärtnerin: „Was wollt ihr heute gemeinsam spielen." Die Kinder nennen ganz spontan einige Spiele. Die Kindergärtnerin merkt sich vorerst diese Vorschläge oder schreibt sie sich auf.

Dann nennt sie eines der Spiele, worauf jedes Kind überlegen soll, ob es dieses Spiel mitspielen möchte, oder wie stark es dieses ablehnt. Dementsprechend sucht es nach jener Karte, die seine Ablehnung oder Nichtablehnung am besten ausdrückt und hält sie für alle sichtbar in die Höhe.

Die Kinder lernen dadurch ihr Gefühl zu beachten und es mit einem Bild in Beziehung zu setzen. Die Sonne bedeutet, ich habe nichts gegen dieses Spiel. Die größte Ablehnung wird durch das Gewitter ausgedrückt. Für die Zwischenstufen gibt es Wolken und Regen. Das ausgewählte Bild wird zum Verständigungsmittel, mit dem ein Kind den anderen zeigen kann, wie sehr es den Vorschlag ablehnt.

Unter dem Bild sind auf der Karte schwarze Ringe eingezeichnet. Sie zeigen der Kindergärtnerin, wie hoch der Widerstandswert der Karte ist, die das Kind in die Höhe hält. Für jedes vorgeschlagene Spiel zählt sie die Ringe zusammen und notiert diesen Wert zu diesem Spiel.

Wenn alle Vorschläge notiert und bewertet sind, kann sie den Kindern sagen, welches Spiel sie gemeinsam am wenigsten ablehnen.

11 Konsensieren für Kinder u. Jugendliche

Auch hier gilt: Würden wir mit Pluspunkten jenes Spiel auswählen, das sich eine relative Mehrheit der Kinder wünscht, so würden sich zwar einige Kinder freuen und sich vielleicht sogar lautstark als Sieger benehmen, doch wir hätten keinen Anhaltspunkt, wie sehr dieses Spiel von den anderen abgelehnt wird. Wir wüssten nur, dass die anderen Kinder dieses Spiel nicht gewählt haben und sich jetzt gegenüber den Siegern wahrscheinlich als Verlierer fühlen. Wenn wir nichts über die Ablehnung erfahren, können wir das Konfliktpotenzial nicht einschätzen und daher auch nicht so gering wie möglich halten.

Auch beim Konsensieren bekommen einige Kinder ihren eigentlichen Wunsch nicht erfüllt. Doch sie stehen nicht als Verlierer einer Gruppe von Siegern gegenüber. Denn diese sind aufgrund der verteilten Widerstandswerte nicht als geschlossene Gruppe zu erkennen. Es entsteht keine Konkurrenz- oder Kampfsituation.

Die Kinder gewöhnen sich dadurch leichter daran, jenes Spiel anzuerkennen, das von allen gemeinsam am wenigsten abgelehnt wird. Sie lernen gemeinsam, konfliktfrei zu entscheiden.

Im Vorschulalter können diese Zusammenhänge noch nicht erfasst werden. Doch das Kind übt schon früh seine Gefühle recht genau zu unterscheiden, und vor den anderen dazu zu stehen. Durch das Herzeigen der bildlichen Darstellung können alle anderen ihre eigenen Gefühle damit vergleichen. Und sie erleben, dass sie damit zu einer gemeinsamen Entscheidung kommen.

11 Konsensieren für Kinder u. Jugendliche

Etwas weiter reicht der Durchblick der Kinder schon in der **ersten Klasse der Grundschule (Volksschule).**

Die Kinder können schon lesen, was auf den Karten unter dem Bild eingerahmt steht. Und sie lernen schnell auf die Frage: "Magst du...?" mit den Karten ihre Antwort abgestuft auszudrücken. Wir haben versucht, gefühlsbetonte Sätze zu finden, die keiner Erklärung bedürfen. Auch mit den Ringen auf den Karten können diese Kinder schon etwas anfangen. Es kann auch mit echten Ringen („W-Ringe") konsensiert werden. Diese werden bald als Maß für die Ablehnung verstanden. Sie bilden eine Skala von 0 bis 5. Diese Skala kann den Schulkindern schon etwas genauer erklärt werden:

JA, da mache ich gerne mit = 0 W-Ringe
NAJA, das geht noch = 1 W-Ring
KLEINES oje, nicht allzu gern = 2 W-Ringe
GROSSES OJE, nur ungern = 3 W-Ringe
OJEMINE, nur wenn es sein muss = 4 W-Ringe
GRRRR, das mag ich gar nicht = 5 W-Ringe

In der Praxis lernten unsere Testkinder sehr schnell, auf die schwarzen Ringe der Symbolkarten die „W-Ringe" (wir haben Beilagscheiben verwendet) zu legen. Wenn man die Kinder über ihre Einstellung zu einem Vorschlag befragte, suchten sie zuerst die passende Karte aus und legten dann die auf den Symbolkarten vorgegebene Anzahl von W-Ringen darauf.

Die W-Ringe eines Vorschlages wurden von jedem Kind zu einem „W-Turm" aufgestapelt. Die gefühlsmäßige Zuordnung

11 Konsensieren für Kinder u. Jugendliche

zwischen der Höhe ihres „W-Turms" und ihrer Ablehnung dieses Vorschlags war sofort vorhanden.

Nun konnten sie verstehen, dass man mit den gesamten W-Ringen, die alle Schüler gegen einen Vorschlag aufgebaut haben, einen großen W-Turm bauen kann, woraus der Widerstand bildlich klar ersichtlich war!

Dafür bastelten wir ein Brett mit Stäben. Mithilfe der Lehrkraft steckten die Kinder für jeden Vorschlag ihre W-Ringe auf je einen der Stäbe. So konnten sie aktiv erleben, wie die W-Türme jedes Vorschlags wuchsen. Am Ende war den Kindern unmittelbar klar, dass der Vorschlag mit dem niedrigsten W-Turm von der gesamten Klasse am wenigsten „abgelehnt" wurde, also die geringste Ablehnung erhalten hatte. Das war in den Augen aller Kinder der beste Vorschlag.

11 Konsensieren für Kinder u. Jugendliche

Dieses Spiel kann mit zunehmendem Alter immer weiter ausgebaut werden:

Sobald die Kinder im Rechnen Fortschritte machen, kann mit den W-Ringen Kopfrechnen geübt werden. Dies ist der erste Schritt zur rechnerischen Auswertung der Widerstandsstimmen. Das Ermitteln des Vorschlags mit der geringsten Ablehnung wird so zur selbstverständlichen Übung. Hier hat die Lehrkraft viel Spielraum, die Übung spannend zu gestalten.

Ein sinnvolles Lernziel könnte sein, Konsensieren so gut einzuüben, dass die Kinder auch zuhause, wenn sie mit anderen entscheiden wollen, zu Zettel und Schreibstift greifen, um ohne Streit den besten Vorschlag zu ermitteln. Wir haben bereits in mehreren Familien erlebt, dass Kinder dies mit Begeisterung tun.

Nun zu Jugendlichen in den höheren Schulstufen aller Schulen:

Junge Menschen von heute wachsen in einer Gesellschaft auf, die sich zwar sozial nennt, aber nicht gelernt hat, mit Interessenkonflikten konstruktiv umzugehen... (sie) stehen unter dem maßlosen Druck, sich in dieser egoistischen, kampfbetonten Gesellschaft zu behaupten... Eine der größten Schwächen unserer Gesellschaft ist ihre Unfähigkeit gemeinsam rücksichtsvoll zu entscheiden.[2]

---

[2] Zitiert aus : Siegfried Schrotta/Erich Visotschnig, Gemeinsam entscheiden - ohne Sieger und ohne Verlierer, Pulsar, September-Ausgabe 2008

11 Konsensieren für Kinder u. Jugendliche

Gerade in der Schule haben wir die Möglichkeit mit dem Konsensieren flächendeckend einen Impuls zu geben, der sich in der Gesellschaft positiv auswirken wird. Die kreative Kommunikation des Konsensierens, die im zweiten Teile des Buches beschrieben wird, ist ein gruppendynamischer Prozess, durch den Jugendliche und Erwachsene soziale Kompetenz aufbauen können. Sie lernen damit für ihr Leben.

Wie könnte Konsensieren in den Schulbetrieb integriert werden?

Lehrkräfte sollten in den geeigneten Fächern die brennenden Probleme der Gesellschaft aufgreifen und ihre Schützlinge auffordern, selbst nach Lösungen zu suchen. Vielleicht sind auch Situationen denkbar, bei welchen die Schülerinnen und Schüler Vorschläge zur Gestaltung des eigenen Unterrichts machen. Anschließend können die Vorschläge bewertet und in eine Rangordnung gebracht werden. Das Ergebnis macht die Heranwachsenden – die heute schon z.t. mit sechzehn Jahren wählen dürfen – mit den Grundlagen von Gemeinschaftsentscheidungen vertraut, was als ein wertvoller Beitrag zur politischen Bildung erkannt werden wird.
Sobald Konsensieren als Lehrstoff offiziell anerkannt wird, wird es zum Vorteil der Gesellschaft zur Allgemeinbildung zählen.

Kinder und Jugendliche, die häufig konsensieren, nehmen die konfliktlösende Wirkung des Konsensierens in ihre

11 Konsensieren für Kinder u. Jugendliche

Denkweise auf. Konsensieren wird ihnen ebenso selbstverständlich erscheinen, wie das Mehrheitsprinzip heute. So wie die Jugend heute lernt, an Machtstrukturen und die Macht der Mehrheit zu glauben, wird sie dann lernen, auf den Erfolg durch gegenseitiges Entgegenkommen ohne Streit und Machteinfluss zu vertrauen.

Unsere heranwachsende Jugend wird das verhängnisvolle Vorbild verwerfen, welches uns heute die politische Elite und die politischen Parteien vorleben: dass es nämlich stets nur darauf ankommt, die Werte und Leistungen der anderen abzuwerten und zu zerstören um selbst Einfluss und Macht zu gewinnen.

Junge Menschen, die mit Konsensieren aufwachsen, sind unsere Hoffnung für eine friedvollere Zukunft! Dieses einfache Entscheidungsprinzip wird dazu beitragen, dass wir einen Wandel in der Gesellschaft erleben, der zu mehr Gemeinschaft, mehr Entgegenkommen, mehr sozialer Kompetenz und weniger Streit und Kampf führt.

Teil II „Konsensieren für Fortgeschrittene"

Teil II

„Konsensieren für Fortgeschrittene"

12 Gruppendynamischer Prozess

Nachdem wir uns im ersten Teil mit der Bewertung von Vorschlägen befasst haben, nun einige vertiefende Überlegungen. Wenn nämlich die Lösungsvorschläge erst entwickelt werden müssen, so wird Konsensieren zu einem gruppendynamischen Prozess, der Konflikte auflöst. Wie ist die konfliktlösende Wirkung zu erklären?

Das Wissen, dass die Entscheidung vom Gruppenwiderstand gegen die einzelnen Vorschläge abhängt, wirkt in den Köpfen der Beteiligten während des gesamten Prozesses der Lösungssuche mit. Es verleiht diesem Prozess eine charakteristische Eigendynamik. Das lässt sich am besten nachvollziehen, wenn man überlegt, wie man beim Konsensieren erfolgreich sein kann: Wer sich durchsetzen will, muss nach Lösungen suchen, die zwar die eigenen Interessen wahren, aber dennoch den Bedürfnissen aller anderen so weit wie möglich entgegenkommen. Nur so kann die Ablehnung der anderen gering gehalten werden. Systembedingt kommt es daher zu einem entgegenkommenden Verhalten.

Beim Konsensieren nützt es nichts, möglichst viele Anhänger als Machtfaktor für sich zu gewinnen, mit deren Hilfe man sich über die Vorschläge anderer mehrheitsbedingt und risikolos hinwegsetzen könnte. Die Qualität der Vorschläge, die von allen Beteiligten auf gleiche Weise bewertet werden, gibt alleine den Ausschlag für deren Rangordnung. Der erfolgreichste Vorschlag kann auch von einer Minderheit oder von einem Einzelnen kommen.

Die systemische Wirkkraft des Konsensierens weckt also in

12 Gruppendynamischer Prozess

den Beteiligten das Interesse an den Bedürfnissen und Vorstellungen der anderen. Erfahrene Anwender des Konsensierens versuchen schon im Vorfeld der Lösungssuche, die Bedürfnisse und Vorstellungen der anderen kennen zu lernen, um sie bestmöglich berücksichtigen zu können. Das bedeutet eine totale Verhaltensumkehr gegenüber heute üblichen egoistischen Verhaltensmustern und Machtstrategien, die es bekanntlich überflüssig erscheinen lassen, sich um die Probleme und Wünsche anderer zu kümmern, wenn diese als Gruppe zu wenig Gewicht haben.

Der systemische „Zwang" einander entgegen zu kommen und gegenseitiges Interesse an den Ideen zu haben, ermöglicht uns den Ablauf des Prozesses so zu strukturieren, dass die Kreativität und Konsensbereitschaft der Beteiligten zusätzlich gesteigert wird. Wir nennen diesen strukturierten Prozess „Kreative Kommunikation" (siehe nächstes Kapitel). Damit gelingt es, sogar egoistische Motive als Antriebsquelle für den gruppendynamischen Prozess zu nützen. Entgegenkommen wird plötzlich nicht mehr als Schwäche ausgelegt, sondern als durchdachtes Eigeninteresse, vereint mit gleichzeitigem Gemeinschaftssinn.

Das Konsensieren hat deshalb einen harmonisierenden Einfluss auf die Beziehungen in der Gruppe. Stets vorhandenes Eigeninteresse jedes Einzelnen wird systembedingt in einen Wettbewerb um tragfähige und tragbare Lösungen umgewandelt. Auf diese Weise entsteht der größtmögliche Interessenausgleich, der mit der momentanen Konsensbereitschaft und Kreativität aller Beteiligten erzielbar ist. Für die Entscheidung sind alle gemeinsam verantwortlich, nicht nur

12 Gruppendynamischer Prozess

eine mehr oder weniger repräsentative Mehrheit.

Auch bei schwerwiegenden Interessenkonflikten, in denen die Beziehungen der Beteiligten bereits belastet sind, kann Konsensieren angewendet werden. Noch bevor der Konflikt ausbricht oder zur vollen Entladung kommt, kann gemeinsam bewertet werden, ohne „das Fass zum Überlaufen" zu bringen. Für die Gruppenmitglieder ist es in dieser Situation eine große Erleichterung, ihre geheimsten Motive in die Bewertungen der Vorschläge verpacken zu können, ohne vor der Gruppe darüber sprechen oder ihre Beweggründe erklären zu müssen, sich zu deklarieren oder gar bloßzustellen. Das erspart den Beteiligten endlose Streitgespräche. Auch werden Widerstände und Lösungsvorschläge von nicht so redegewandten oder durchsetzungsfähigen Personen gleichberechtigt mit berücksichtigt.

In unseren Beispielen fand die Bewertung offen statt, also nicht anonym. Bei anonymen Bewertungen ergibt sich vor allem in kritischen Situationen ein unverfälschteres und damit „wahreres" Bild der Gruppenmeinung und Gruppenstimmung.

Die Kenntnis über die Wirkkräfte des Konsensierens und deren Ursachen erleichtert es, das starke gegenseitige Interesse zu verstehen, das die Beteiligten an den Bedürfnissen aller Gruppenmitglieder haben. Die Betreffenden können gar nicht anders, als diese Bedürfnisse in ihren Vorschlägen mit zu berücksichtigen, wenn sie ihre eigenen Interessen erfolgreich durchsetzen wollen.

12 Gruppendynamischer Prozess

Da alle Beteiligten wissen, dass nur jener Vorschlag zum Zug kommen wird, der in der Gruppe die geringste Ablehnung von allen hervorruft, entsteht ein enormer Antrieb für die ganze Gruppe, das Beste für alle erreichen zu wollen. Wie schon erwähnt wird so die Energie des Eigeninteresses in eine Leistung für die Gruppe verwandelt. Das ist ein beispielloser, bisher in Konflikten kaum für möglich gehaltener Vorgang. Selbst Personen, die sonst streiten oder kämpfen würden, zeigen bei der Suche nach Erfolg versprechenden Lösungen entgegenkommendes Verhalten, um ihre Chancen nicht zu verspielen.

Gruppenmitglieder machen die ungewöhnliche Erfahrung, dass sich „die Anderen für meine Bedürfnisse interessieren und einsetzen". Ähnliches erleben auch die Anderen von einem selbst. Eine auf den Konsens ausgerichtete wohlwollende und harmonische Gruppenstimmung wird spürbar. Und zwar aus Gründen, die rein vom Prinzip des Konsensierens ausgehen, also unabhängig von den Inhalten sind, über die entschieden wird.

13 Kreative Kommunikation

Es gibt verschiedene Methoden, die Kreativität einer Gruppe anzuregen. Wir wollen Ihnen in dieser Hinsicht keine Vorschriften machen, sondern Sie bei Ihrer Aufgabe lediglich unterstützen. Beim Konsensieren können Sie nämlich das systembedingt lebhafte gegenseitige Interesse an den Vorstellungen der Anderen nützen. Daraus lässt sich eine wirksame Vorgangsweise ableiten, die wir Ihnen hier zeigen. Als Lesestoff mag Ihnen das vielleicht etwas zu ausführlich erscheinen, doch im Ernstfall werden Sie gerade diese Ausführlichkeit zu schätzen wissen.

Stellen Sie sich bitte vor, Sie gehören einer Gruppe von mehreren Personen an, die eine gemeinsame Aufgabe oder ein Problem lösen wollen. Plötzlich tritt ein heftiger Interessenkonflikt auf. Nach einigen vergeblichen Schlichtungsversuchen von einzelnen Personen gelingt es Ihnen, die Gruppe davon zu überzeugen, den Konflikt durch Konsensieren lösen zu können.

Wenn Sie jetzt im Stillen denken, Sie wären einer solchen Aufgabe nicht in jedem Fall gewachsen, können wir Sie beruhigen: Konsensieren ist viel einfacher, als einen Streit schlichten zu müssen. Sie beginnen ganz einfach Schritt für Schritt die folgende Anleitung umzusetzen. Dies funktioniert sogar, wenn Sie das Buch offen vor sich liegen haben und die einzelnen Schritte vorlesen. Sie brauchen nur darauf zu achten, dass diese Schritte wie Spielregeln befolgt werden.

Dabei werden Sie sehr bald bemerken, dass eine konfliktträchtige Situation durch die gezielten Aufgaben und die optische Darstellung der Einzelschritte entschärft wird. Zu-

13 Kreative Kommunikation

nächst geben wir Ihnen noch einige unserer Erfahrungen mit auf den Weg:

Ihre eigene Grundhaltung sollte sein, den Konflikt distanziert zu betrachten und sich nicht emotional hineinziehen zu lassen. Sie sollten also selbst nicht zu sehr oder besser gar nicht in den Konflikt verwickelt sein. Versuchen Sie sich auf Ihre formalen Aufgaben zu beschränken und keinerlei Werturteile oder Aussagen von sich zu geben, die den Inhalt des Konflikts oder des Problems betreffen.

Zur nötigen Distanz auch in schwierigen Fällen verhilft Ihnen und Ihrer Gruppe die folgende ausführliche

Anleitung für SK-Moderation:

Zuerst reservieren Sie für die schriftliche Darstellung der zehn folgenden Schritte eigene Schreibbereiche, die von den anderen Bereichen optisch deutlich abgegrenzt sind.

Je nach Größe der Gruppe kann für jeden Bereich ein eigenes Blatt Papier, ein eigenes Flip-Chart, ein Teil einer Pin-Wand, ein eigenes Dokument am Computer oder eine eigene Seite eines geeigneten Internetprogrammes vorgesehen werden. Wesentlich ist, dass alle Beteiligten jederzeit an alle Aussagen herankommen und den Überblick behalten können.

13 Kreative Kommunikation

In der folgenden Darstellung gehen wir bewusst sehr ausführlich auf Einzelheiten ein, um Sie auch bei größeren Gruppen und in ernsten Konfliktfällen nicht im Regen stehen zu lassen. Im Normalfall werden Sie den Prozess zügig durchlaufen, solange Sie neutral und objektiv jede Aussage in dem (aus Ihrer Sicht) „richtigen Bereich" sinngemäß festhalten. Meist können Sie schneller vorankommen, als diese umfangreiche Beschreibung vermuten lässt.

Zum Beispiel können die Beteiligten selbst ihre Aussagen in Kurzform auf einen Zettel schreiben, welche Sie dann in den richtigen Bereich einordnen. Es wird manchmal Grenzfälle geben, ob ein Lösungsvorschlag eigentlich nur Kritik enthält, ohne eine wirkliche Lösung zu bieten oder Ähnliches. Da sollte man nicht zu ängstlich sein, diese einzuordnen. Solche Vorschläge fallen bei der Bewertung sowieso durch.

Um anonyme Aussagen zu ermöglichen, können Sie von Zeit zu Zeit **von allen** Beteiligten **Äußerungszettel** einsammeln. Alle Beteiligten geben einen Äußerungszettel ab, auch wenn er leer ist. Dadurch ist für neugierige Beobachter nicht ersichtlich, von wem eine Äußerung kommt. Sie selbst tragen dann die Aussage in den geeigneten Bereich ein.

Vor allem sollten Sie keine Aussage unterdrücken oder ignorieren. Dazu erhalten Sie noch einige Hinweise weiter unten. Machen Sie jedoch zu Beginn unbedingt auf das Erfolgskriterium bei der abschließenden Bewertung aufmerksam:

13 Kreative Kommunikation

Nur jene Vorschläge haben Aussicht auf Erfolg, die von den Andersdenkenden wenig Ablehnung erfahren, die also auch deren Anliegen so weit wie möglich berücksichtigen!

Nun kann's losgehen...

1. Problembeschreibung

Ein Gruppenmitglied hat ein Problem zum Konsensieren angemeldet und schildert es aus persönlicher Sicht samt Rahmenbedingungen.

Bemühen Sie sich um eine treffende Überschrift und eine kurz gefasste Beschreibung des anstehenden Problems. Wenn hier Uneinigkeit entsteht, verweisen Sie darauf, dass in Schritt 4 die individuellen Problemsichten ein umfassendes Bild über das Problem liefern werden.

2. Übergeordnete Fragestellung

Wenn eine Gruppe ein Problem oder eine Aufgabe lösen will, sollte sie versuchen, sich dem Thema aus einer übergeordneten Sicht mit einer weit gefassten Fragestellung zu nähern. Fragen Sie die Gruppe, was eigentlich erreicht werden soll. Akzeptieren Sie keine Ja-Nein- bzw. Entweder-Oder-Formulierung, sondern bitten Sie die Teilnehmer/innen dies in offenen „W-Fragen" auszudrücken.
(**W**as...**W**o...**W**ann...**W**ie...usw.)

13 Kreative Kommunikation

Zum Beispiel in einem Konfliktfall:

„**W**as können wir tun, um dieses Problem **für alle Beteiligten und Betroffenen** zufriedenstellend zu lösen?"

Es kommt vor, dass die Gruppenmitglieder mehrere übergeordnete Fragestellungen vorschlagen. Selbst wenn nicht alle Formulierungen treffend sind, muss man sich nicht auf eine bestimmte einigen. Alle Sichtweisen können nebeneinander stehen bleiben. Die Beteiligten werden ohnehin auf jene Vorgabe hinarbeiten, die ihnen am treffendsten erscheint. Die Vielfalt der Sichtweisen kann die Kreativität anregen.

Machen Sie alle übergeordneten Fragestellungen im dafür vorgesehenen Bereich sichtbar.

3. **Informations-Runde**

Sämtliche Informationen, die für die Lösung des Problems und der übergeordneten Fragen von Bedeutung und unbestritten sind, sollten jetzt allen zur Verfügung gestellt werden. Fragen können gestellt und ergänzende Kenntnisse geäußert werden.

4. **Wünsche an eine gute Lösung (Individuelle Sichtweisen)**

Sorgen Sie dafür, dass jede Person, sofern sie es will, ihre persönliche Problemsicht und Beurteilung

13 Kreative Kommunikation

der übergeordneten Fragen, ihre Bedürfnisse, Werte und besonderen Anliegen unbeeinflusst vorbringen darf. Die Gruppe hat aufgrund des SK-Prinzips Interesse daran, diese subjektiven Meinungen zu hören, um sie in ihren Lösungsansätzen berücksichtigen zu können. Denn nur dadurch kann der Widerstand der Betroffenen verringert und damit die Aussicht auf Erfolg, erhöht werden. Daher sollte - wie beim „Brainstorming" - keine Meinung kritisiert, vorverurteilt oder abgelehnt werden.

Erinnern Sie Ihre Gruppe daran, wie wichtig es ist, alle subjektiven Meinungen zu dem Konfliktthema in Ruhe anzuhören, selbst wenn man anderer Meinung ist und seinen Ärger unterdrücken muss. Denn es können nur dann tragbare Lösungen gefunden werden, die wenig Widerstand in der Gruppe hervorrufen, wenn alle individuellen Ansichten bekannt sind. Die Vielfalt der Meinungen trägt zur Treffsicherheit der Lösungen bei.

Die Sichtweisen aller Beteiligten müssen zugelassen und respektiert werden, ohne sie zu verurteilen. Abhängigkeiten und Machtverhältnisse zwischen einzelnen Personen dürfen nicht ausgespielt werden. Niemandem darf Schuld zugewiesen werden. Es geht nicht mehr um Vergangenes, sondern um die zukünftige Lösung. Daher sollte nur über Sachverhalte gesprochen werden und nicht über Personen (was nicht immer einfach ist). Auch kontroverse Meinungen, die frei von personenbezogener Kritik sind, müssen fest-

13 Kreative Kommunikation

gehalten werden. Es liegt im Interesse jeder und jedes Einzelnen, seine persönlichen Wünsche und Sichtweisen zu begründen, da dies das Verständnis der Teilnehmer weckt und so deren Lösungsvorschläge entsprechend beeinflusst. Intolerante und egoistische Wünsche finden kein Verständnis und haben daher keinen Einfluss auf den Interessenausgleich.

Dies alles gestaltet sich einfacher, wenn Sie den Beteiligten erklären, dass Sie nur solche Äußerungen aufnehmen werden, die die folgenden formalen Bedingungen erfüllen:

a. Nur persönliche Werte und Bedürfnisse, sprich reine Ich-Botschaften werden aufgenommen

b. Kritik an Anderen wird nicht festgehalten (wer mit bereits geäußerten Wünschen und Bedürfnissen nicht einverstanden ist, kann diesen ja seine eigenen entgegensetzen)

Man wird sich aus eigenem Interesse an diese Regeln halten, damit die Aussagen aufgenommen und sichtbar gemacht werden und ihre Wirkung nicht im Laufe der Zeit verloren geht.

5. **Lösungssuche**

Alle Interessierten können gleichberechtigt daran teilnehmen. Jede Person kann mehrere Vorschläge ein-

13 Kreative Kommunikation

bringen, auch wenn diese nur Teile des Problems lösen. Es entsteht eine wechselseitige Inspiration, aus der viele Lösungsvorschläge hervorgehen können. Der Kreativität ist durch das Verfahren keine Grenze gesetzt.

Machen Sie allen Mitwirkenden nochmals klar, wie sehr es darauf ankommt, die übergeordneten Fragestellungen, die individuellen Problemsichten und ergänzenden Rahmenbedingungen so gut wie möglich zu berücksichtigen, um in der Gruppe wenig Widerstand auszulösen. Es ist wichtig, dass dies von allen Beteiligten verstanden wird. Auch hier würde Kritisieren, Vorverurteilen oder Ablehnen die Kreativität der Gruppe einschränken.

Verhindern Sie daher, dass ein Vorschlag sofort abgetan, vorverurteilt oder gar bekämpft wird. Sie erreichen dies rein formal dadurch, dass sie von vornherein darauf hinweisen, offene Kritik nicht in den Bereich der Lösungssuche aufzunehmen. Da Sie dennoch keine Meinung der Mitwirkenden unterdrücken wollen, kommen diese Äußerungen in den Bereich für Kritik, Fragen und Entgegnungen, sofern sie die dort geltenden Bedingungen erfüllen (siehe etwas später).

Machen Sie alle Vorschläge in sehr übersichtlicher Form sichtbar. Je mehr Vorschläge zur Verfügung stehen, desto stärker ist die gegenseitige Inspiration. Sie können die Teilnehmer/innen auch ermuntern,

13 Kreative Kommunikation

bereits vorhandene Lösungen zu bestätigen, zu bestärken oder zu erweitern.

Meist entstehen verschiedene Arten von Vorschlägen: Gesamtlösungen, Teillösungen, konkrete Aktionspläne, für welche Aktivisten benötigt werden, Prioritätslisten etc.. Sie alle sind gemeinsam für die Bewertung zuzulassen, denn es ist für die Gruppe wichtig zu sehen, welche Rangordnung die Vorschläge in der gesamten Lösungsvielfalt erreichen.

Wie schon gesagt: Geben Sie in heiklen Fällen den Teilnehmern unbedingt Gelegenheit, sich von Zeit zu Zeit auch anonym zu äußern (siehe Äußerungszettel).

6. Vor- und Nachteile

In vielen Fällen ist es notwendig, die entwickelten Vorschläge auf Herz und Nieren zu prüfen. Mittels Brainstorming kann jetzt nach Vor- und Nachteilen gesucht werden. Da die Nachteile als Gelegenheit benützt werden könnten, Kritik loszuwerden, sollten bei Streitfällen die formalen Bedingungen für die Aufnahme von Kritik in den vorgesehenen Bereich bekannt gegeben werden:

Bereich für Kritik, Fragen und Entgegnungen:

- Formale Bedingungen: Es werden nur reine Ich-Botschaften aufgenommen. (Dadurch werden

13 Kreative Kommunikation

suggestive Phrasen unmöglich wie: „Es ist doch klar...", „Wie jeder sehen kann...", „Wie jeder Vernünftige weiß...", „Es ist ein Gebot der Höflichkeit...", etc. In der Kritik muss Subjektivität zum Ausdruck kommen. Sie darf nicht in absolut gemeinte Aussagen verpackt werden).

- Keine Äußerung in diesem Bereich darf sich auf eine bereits gemachte Aussage (weder in diesem Bereich noch wo anders) beziehen. In anderen Worten, der kritisierte oder infrage gestellte Sachverhalt muss hier so vollständig dargestellt werden, dass er ohne Bezugnahme, isoliert und für sich allein verständlich ist.

Und noch etwas: Machen Sie die Beteiligten darauf aufmerksam, dass die **gesamte Gruppe** eine Lösung sucht. Das heißt, dass es Aufgabe der **gesamten Gruppe** ist, auf hier vorgebrachte Fragen zu antworten bzw. hier vorgebrachter Kritik durch entsprechend konstruktive Vorschläge Rechnung zu tragen. Nur in seltenen Fällen, wenn ganz spezielles Wissen benötigt wird, kann sich der Wissensträger alleine angesprochen fühlen. Im Allgemeinen gilt: **Kein Einzelner sollte sich kritisiert oder angegriffen fühlen. Es ist Aufgabe der ganzen Gruppe, Kritik abzufangen bzw. ihr Rechnung zu tragen** (dies schließt den Kritiker selbst mit ein; auch er kann und soll Lösungsvorschläge entwickeln, die sowohl den Bedürfnissen der Anderen als auch seiner Kritik Rechnung tragen).

13   Kreative Kommunikation

Auch der „**Bereich für externe Unterlagen und Referenzen**" ist für die Vor- und Nachteile von Bedeutung. Für ihn gibt es keine einschränkenden Bedingungen.

7. Vorläufige Bewertung der Vorschläge

Wenn die Kreativität der Teilnehmer nachlässt, liegen die bis dahin erarbeiteten Lösungsvorschläge für alle sichtbar vor. Ansonsten machen Sie diese in einer vorläufigen Vorschlagsliste jetzt allen zugänglich.

Achten Sie darauf, dass als Ausweichmöglichkeit und Prüfstein die „**Null-Lösung**" formuliert wurde. Anhand des Konfliktfalles aus der Praxis war zu sehen, welch phänomenale Wirkung und Aussagekraft diese hat.

Die Beteiligten erhalten durch eine vorläufige Bewertung ein erstes Bild über die voraussichtliche Rangordnung ihrer Vorschläge. Dies erfordert noch nicht die endgültige Genauigkeit, daher genügt bei Gruppen mit mehr als zehn Personen die vereinfachte Bewertung durch Handheben (Siehe Kapitel 8: Konsensieren in der Praxis).

Von dieser Vorschau angeregt werden viele versuchen die Positionen ihrer Vorschläge in der Rangordnung zu verbessern. Sie haben daher Interesse in einem weiteren Schritt zu erfahren, welche Widerstände noch nicht ausgeräumt werden konnten. Das fördert nochmals den Interessenausgleich. Daher erhält

… die Gruppe im nächsten Schritt Gelegenheit, die Gründe für noch vorhandene Widerstände gegen bestimmte Vorschläge zu erfahren.

8. **Erkunden der restlichen Widerstände**

   Die jetzt noch verbliebenen Restwiderstände und Einwände gegen einzelne Vorschläge werden vorgebracht und gesammelt. An diesem Schritt besteht erfahrungsgemäß größtes Interesse: Jede/r kann die Gruppenmitglieder befragen, was sie gegen einzelne Vorschläge vorbringen. Wer mit seinen Vorschlägen Erfolg haben will, wird versuchen diese Widerstände zu verstehen und wenn möglich zu berücksichtigen.

   Und wer möchte, dass seine Anliegen berücksichtigt werden, wird darüber bereitwillig Auskunft geben. Die Einwände werden in den Kritikbereich aufgenommen. Achten Sie bitte darauf, dass weder Diskussionen noch Streitgespräche entstehen, sondern es sollte das Bemühen vorherrschen, das Vorgebrachte zu verarbeiten. Wieder gilt: Wer möchte, dass seine Anliegen ernst genommen werden und sichtbar bleiben, wird im eigenen Interesse die geltenden Regeln für den Kritikbereich einhalten.

9. **Vorschläge anpassen**

   Nun haben alle die Möglichkeit im Rahmen einer erneuten Lösungssuche ihre Vorschläge anzupassen,

13 Kreative Kommunikation

mit anderen zu kombinieren, oder sie zurückzuziehen und neue einzubringen. Es kommt nochmals Kreativität in Gang, um die Bedürfnisse Anderer besser zu berücksichtigen und so deren Widerstand zu verringern. Dabei dürfen sie sich auch von anderen Vorschlägen anregen lassen oder mehrere vorhandene Vorschläge kombinieren. Das wird nicht als Ideendiebstahl aufgefasst, sondern als legitimes Einschwenken auf eine gemeinsame Linie.

Da in diesem Stadium auch neue Gesichtspunkte auftreten können, kann es notwendig werden, Teile der Lösungssuche nochmals zu durchlaufen, bis keine weiteren Lösungen mehr gefunden werden.

Es ist alles erlaubt, was der Gruppe hilft, tragfähige Lösungen zu finden. Da das Entstehen der Vorschläge dokumentiert ist, kann die Urheberschaft bei Bedarf problemlos ermittelt oder - wenn gewünscht - auch öffentlich bekannt gegeben werden.

10. Bewertung der endgültigen Vorschläge

Die Vorschläge werden nun in einer endgültigen Vorschlagsliste festgehalten, die allen Gruppenmitgliedern für die Bewertung zugänglich gemacht wird. Diesmal wird die Bewertung genau durchgeführt.

Es sollten mindestens drei Lösungsalternativen vorliegen, von denen eine die „Null-Lösung" sein kann.

13 Kreative Kommunikation

Hier sollten Sie der Vollständigkeit halber die wichtigsten Gesichtspunkte der Bewertung nochmals zusammenfassen:

- Jeder Vorschlag wird von allen Beteiligten bewertet:
- 0...Ich habe nichts gegen diesen Vorschlag
- 10 (oder ein anderer Skalen-Höchstwert)...Ich lehne diesen Vorschlag ab
- Zwischenwerte nach Gefühl

Es ist sinnvoll, sich mit allen Vorschlägen eingehend zu befassen und sie nach eigenem Urteil sorgfältig zu bewerten, um nicht ungewollt eine Entscheidung zu unterstützen, die man nicht mittragen möchte. Mehreren Vorschlägen gleiche Bewertungen zu geben oder sie total abzulehnen, sollte man sich gut überlegen. Denn damit liefert man keine unterscheidbaren Entscheidungsinformationen und überlässt dadurch automatisch den anderen die Entscheidung über die Reihung dieser Alternativen. Wenn man jedoch nach reiflicher Überlegung mehreren Vorschlägen 0 W-Stimmen zuordnet, ist dies ein positives Signal an die Gruppe, mit dem man seine Bereitschaft ausdrückt, jede dieser Entscheidungen mitzutragen.

- **Den Gruppenwiderstand** eines Vorschlags ermitteln Sie durch Zusammenzählen aller W-

13 Kreative Kommunikation

Stimmen die dieser Vorschlag von allen Teilnehmer/innen erhalten hat.

- Anhand der Gruppenwiderstände erhalten Sie die **Rangordnung der Vorschläge** hinsichtlich ihrer Akzeptanz durch die gesamte Gruppe.
- Als **konsensiert** gilt jene Gesamtlösung (eventuell zugleich mit Teillösungen), welche die wenigsten W-Stimmen erhalten hat, also in der ganzen Gruppe die geringste Ablehnung hervorruft bzw. die höchste Akzeptanz erzielt.
- Der **normierte Widerstand** ergibt sich, indem Sie den Gruppenwiderstand jedes Vorschlags durch die Zahl der Teilnehmer (bzw. gültigen Bewertungen) dividieren. Es ist der Widerstand, den der Vorschlag in der Gruppe durchschnittlich erhalten hat. Er liegt innerhalb der Widerstands-Skala, von der alle ausgegangen sind, die sie also dem Gefühl nach einschätzen können. Durch ihn werden Konsensierungen verschiedener Probleme und Gruppengrößen vergleichbar.

11. Die endgültige Entscheidung

Die konsensierte Gesamtlösung (eventuell samt ergänzenden Teillösungen) gilt als beschlossen, sofern ihr **normierter Widerstandswert einen zuvor festgelegten Grenzwert nicht überschreitet.** Dieser Grenzwert ist stark von der Art des zu lösenden Prob-

13 Kreative Kommunikation

lems abhängig. Die Gruppe wird für ein folgenschweres Problem weniger Widerstand zulassen, als für ein unbedenkliches:
- Wenn die Null-Lösung anwendbar war, gibt deren normierter Widerstandswert die Grenze der Zumutbarkeit an
- Eine im Konsensieren erfahrene Gruppe kann je nach Situation den für sie zumutbaren Grenzwert des normierten Widerstandes auch vorweg vereinbaren, um eine bestimmte Qualität der Entscheidung zu erreichen (z.B.: der normierte Widerstand darf bei einer Skala von 0 bis 10 den Grenzwert 4 nicht überschreiten).
- Wurde die Grenze der Zumutbarkeit überschritten, muss nach besseren Lösungen gesucht werden.
- Manchmal kommt es vor, dass zwei oder mehrere Vorschläge mit exakt derselben Anzahl von Widerstandsstimmen den ersten Rang belegen. Da dies für alle Beteiligten eine neue Entscheidungssituation darstellt, kann darüber folgendermaßen konsensiert werden: **Jeder Teilnehmer gibt zu jedem dieser Alternativen eine Widerstandsstimme ab, mit der er ausdrückt, wie sehr er es ablehnt, dass diese Alternative beschlossen wird.** Diese Bewertung kann vereinfacht durch Handheben erfolgen oder mit einer genauen W-Stimmen-Skala.

13   Kreative Kommunikation

Falls der Prozess unter Leitung eines neutralen Moderators abläuft, kann er im Bedarfsfall schriftlich oder im Internet völlig anonym erfolgen. Die Gruppenmitglieder können ihre geheimsten Motive berücksichtigen, ohne diese offen legen oder darüber diskutieren zu müssen. Das zeigt ihnen, dass auch ihre geheimsten Gefühle von Wert sind. Sie können sich mit ihrer gesamten Persönlichkeit – so wie sie sind – von der Gruppe angenommen fühlen, sich leichter einbringen und kreativ mitwirken.

Mit einer zufriedenstellenden Entscheidung ist die Aufgabe des Moderators beendet.

14 Furcht vor Kritik oder Abhängigkeiten

Wie Sie vielleicht gespürt haben, erhält Kritik im Rahmen der kreativen Kommunikation einen ganz anderen Stellenwert als in den üblichen Diskussionsrunden. In Letzteren wird Kritik eingesetzt, um die eigene Meinung auf Kosten von anderen durchzusetzen. Wir alle kennen die „Kritikerkriege": Jemand macht eine Äußerung, ein anderer kritisiert diese, der erste untermauert seine Äußerung oder greift die Kritik (oder den Kritiker) an, worauf der zweite wiederum seine Kritik untermauert und die Gegenkritik angreift, worauf der erste wiederum...usw. Nicht umsonst ist nach Charles Tschopp eine Diskussion eine »Serie von Monologen, die sich gegenseitig immer und immer wieder störend unterbrechen«.

Daher sind die üblichen Diskussionsrunden anstrengend. Kritik ist gefährlich und wird gefürchtet, und die Diskussion führt eher zu einer Verhärtung der Standpunkte, denn zu konstruktiven Lösungsvorschlägen. Dies ist verständlich, weil die traditionellen Entscheidungsverfahren nicht darauf ausgerichtet sind, unter einer Lösungsvielfalt zu entscheiden, sondern nur bei Ja-Nein- bzw. Entweder-Oder-Entscheidungen befriedigende Resultate ergeben. Schon im Vorfeld der Entscheidung ist daher jeder, der sich durchsetzen will, gezwungen, die Vorschläge anderer mit allen ihm zur Verfügung stehenden Mitteln der Kritik zu „vernichten" – die oben erwähnten Kritikerkriege sind das Resultat.

Nun ist es der große Unterschied des Konsensierens zu den bekannten Diskussionsrunden, dass die kreative Kommunikation nicht auf einen einzigen Lösungsvorschlag abzielt, der sich behaupten muss, sondern auf eine Lösungsvielfalt, die

14 Furcht vor Kritik oder Abhängigkeiten

abschließend bewertet wird. Dadurch werden die TeilnehmerInnen vom Zwang befreit, schon während der Lösungssuche alle ungeliebten Lösungsvorschläge der anderen zu zerstören. Jeder weiß, dass er bei der abschließenden Bewertung mit seinen Widerstandstimmen noch ausreichend Einfluss besitzt, um dort seinen Widerstand geltend zu machen.

Trotzdem hat die Kritik in der kreativen Kommunikation auch ihren Platz, ja sie ist sogar willkommen (denn nur wenn sie ausgedrückt wird, kann man ihr Rechnung tragen und dadurch den Widerstand gegen sie verringern). Ihr wird durch die formalen Aufnahmeregeln in den Kritikbereich – als Ich-Botschaft, ohne Bezugnahmen etc. – zusätzlich ihre gefürchtete und verletzende Schärfe oder Aggression genommen. Sie wird von der gesamten Gruppe nicht als Problem empfunden, sondern sogar als Bereicherung: Kritikerkriege unterbleiben weitgehendst.

Daher gibt es an keiner Stelle dieses strukturierten Prozesses Anlass zu Aggression, Machtkampf oder Streit. Durch die fein abgestuften Widerstände, mit denen die Personen die einzelnen Vorschläge bewerten, ergibt sich keine Gelegenheit zu Lagerbildungen. Es wird kein neuer Konflikt entfacht, noch gibt es verhärtete Fronten.

Dagegen wird durch das reichhaltige gemeinsam gewonnene Ergebnis das Gemeinschaftsbewusstsein gestärkt. Es liegt nun ein umfassendes Bild über die Probleme und Meinungen innerhalb der Gruppe vor, und wie diese gemeinsam zu den Vorschlägen eingestellt ist.

14 Furcht vor Kritik oder Abhängigkeiten

Falls in der Gruppe Abhängigkeitsverhältnisse bestehen, welche manche Personen daran hindern würden, sich frei zu äußern, kann – wie schon beschrieben – der gesamte kreative Prozess, einschließlich der Abgabe der Widerstandsstimmen, schriftlich und völlig anonym erfolgen.

Die Bewertung mit Widerstandstimmen anonym durchzuführen, erfordert keinen besonderen Aufwand. Konsensieren kann daher von Machtverhältnissen nahezu unabhängig durchgeführt werden. Unter allen Umständen sollte vermieden werden, Entscheidungen durch Mehrheitsbeschlüsse herbeizuführen und dadurch die Gruppe in Lager zu spalten.

15 Lösungssuche in der Praxis

In diesem Kapitel werden die ersten wichtigen Schritte der Anleitung für SK-Moderation anhand eines komplexen Problems aus der Praxis durchgespielt:

Ein erfolgreicher Produktionsbetrieb muss eines Tages feststellen, dass sein bestes Produkt rückläufige Verkaufszahlen aufweist. In einer Krisensitzung werden die verantwortlichen Bereichsleiter für Verkauf, Konstruktion, Produktion und Qualitätskontrolle beauftragt, ein Konzept zur Verbesserung des Absatzes vorzulegen.

Dieser Auftrag ist für die Verantwortlichen ein heißes Eisen. Sie geben der Versuchung nach, zuerst einmal Schuldige zu finden. Knallhart werfen sie sich gegenseitig mehr oder weniger deutlich Rückständigkeit und Unfähigkeit vor. Die Diskussion wird immer heftiger. Schließlich einigen sie sich doch noch darauf, jeder solle Vorschläge zur Abhilfe machen. Danach soll darüber abgestimmt werden.

Der Konstruktionschef schlägt vor, das Design des Produktes zu modernisieren, zumindest so, dass es den Geräten der Mitbewerber ähnelt. An der Funktionsweise und dem inneren Aufbau will er nichts ändern, denn das würde nicht ohne größere Investitionen und Verzögerungen der Produktion zu machen sein.

Der Verkaufsleiter, welcher gleichzeitig für die Werbung zuständig ist, sieht daraufhin eine Chance, ein wesentlich höheres Werbebudget zu verlangen. Nur durch intensivierte Werbung könne er den Absatz für das Produkt ankurbeln.

15   Lösungssuche in der Praxis

Der Chef der Qualitätskontrolle ist empört über beide Vorschläge, mit denen die Kunden auf billigste Weise getäuscht werden sollen. Er verlangt eine Neukonstruktion des Produktes, die möglichst das Produkt der Mitbewerber übertrifft. Daraufhin macht der Produktionsleiter den Vorschlag, die Entwicklungsabteilung hinzuzuziehen. Dagegen gibt es von mehreren Seiten Einwände. Die „Entwicklung" sei unterbesetzt, das dauere einfach viel zu lange.

Um den Konflikt in Grenzen zu halten, versucht man es mit der vorher vereinbarten Abstimmung. Es gibt vier Vorschläge:

1. Das Design des Produktes verbessern
2. Den Werbeaufwand für das bisherige Produkt erhöhen
3. Neukonstruktion des Produktes
4. Entwicklungsabteilung einschalten

Das Ergebnis der Abstimmung überrascht alle. Der Produktionsleiter will mit dem Produkt weiter im Plan bleiben, ohne Teile des Maschinenparks erneuern zu müssen. Er stimmt daher mit dem Konstruktionschef für die Verbesserung des Designs. Die Neukonstruktion und die Erhöhung des Werbeaufwandes erhalten dadurch nur je eine Stimme, die Entwicklungsabteilung keine. Also hat die Produktkosmetik eine relative Mehrheit erhalten.

Darauf gibt es eine heftige Auseinandersetzung. Über dieses Ergebnis könne man der Firmenleitung auf keinen Fall Bericht erstatten, meinen die Verlierer der Abstimmung, wäh-

15 Lösungssuche in der Praxis

rend sie auseinander gehen. „Das werden wir sehen", schimpfen die beiden Sieger hinterher.

Vielleicht kennen Sie vergleichbare Szenen, in denen sich alle Beteiligten in einer unguten Lage befinden. Wenn allen das Wasser bis zum Hals steht, sind Schuldzuweisungen schnell bei der Hand. Jeder will seine Haut retten. Das Betriebsklima wird dabei nachhaltig vergiftet. Versucht man dann noch, den Konflikt durch eine Abstimmung aus der Welt zu schaffen, triumphiert vorwiegend eine kleine relative Mehrheit. Fatal daran ist, dass erfahrungsgemäß die Verlierer den Konflikt erst richtig anheizen. In unserem Beispiel ist es trotz nachdrücklicher Ermahnungen seitens des Firmenchefs nicht möglich, ein weiteres Meeting anzusetzen, so zerstritten sind jetzt die Abteilungen.

In dieser Situation werden wir zu Hilfe gerufen. Eine Terminvereinbarung gelingt nur auf Anweisung der Direktion. Den Abteilungsleitern wird nahe gelegt, dass von ihnen effiziente Lösungen erwartet werden. Da der Geschäftsführer keinen Termin frei hat, schickt er seinen Finanzdirektor als Vertretung, mit dem Auftrag, keine unerfüllbaren Investitionswünsche zuzulassen. Zusätzlich soll der Leiter der Entwicklungsabteilung die Lage mit beurteilen. Beide sollen auch beobachten, wie sich die von uns vorgeschlagene Methode bewährt. Notfalls sollen sie rettend eingreifen.

Das Meeting beginnt mit verhärteten Fronten und steinernen Gesichtern. Als Moderator des Meetings wird unser Mitarbeiter von den Abteilungsleitern als Zumutung empfunden. Doch dieser lässt sich nicht beirren und betont, es werde

15 Lösungssuche in der Praxis

diesmal nicht nach klassischen Methoden abgestimmt. Auch gehe es nicht um Schuldzuweisungen, sondern um Erfolg versprechende Lösungen. Er erklärt, dass jene Lösung zum Zug kommen wird, die dem Konsens unter allen Anwesenden am Nächsten kommt. Er selbst habe dabei nichts mitzureden, sondern nur die Einzelschritte eines bewährten Verfahrens zu erklären und zu begleiten. Es handle sich um eine Zielsetzung, die auf den größtmöglichen Interessenausgleich ausgerichtet ist. Noch dazu sei die Lösungssuche so strukturiert, dass Boykotte Einzelner wirkungslos sind.

Ungläubig lassen die Abteilungsleiter den Beginn dieses Verfahrens über sich ergehen und erwarten eigentlich sein Scheitern – nicht zuletzt aufgrund der mangelnden Sachkenntnis des Moderators in ihren Bereichen. Sie wissen ja noch nicht, dass für die Abwicklung des Verfahrens keinerlei Fachkenntnisse erforderlich sind, sondern einer Schritt-für-Schritt-Anleitung gefolgt werden muss (siehe Kapitel 13).

Der Moderator beginnt, indem er zunächst die Grundlage des **Konsensierens** erklärt.

„**Es wird nicht einfach nur das beschlossen, was die Mehrheit will, sondern die Gruppe entwickelt mittels eines bestimmten Verfahrens möglichst viele Vorschläge und wählt dann jenen aus, der in der gesamten Gruppe die geringste Ablehnung – und daher auch das geringste Konfliktpotenzial – erzeugt.**"

Die Lösungsfindung geht in mehreren Einzelschritten vor sich, die sich in der Praxis bewährt haben. Der gesamte Ab-

15 Lösungssuche in der Praxis

lauf wird „**Kreative Kommunikation**" genannt (ausführlichere Beschreibung siehe Kapitel 13). Darauf folgt dann die gemeinsame Bewertung der Lösungsvorschläge. In diesem Beispiel beginnen wir die Kreative Kommunikation mit ihrem ersten Schritt:

Schritt 1: Problembeschreibung

Der Absatzrückgang unseres besten Produktes muss unbedingt gestoppt werden.

Schritt 2: Übergeordnete Fragestellung

Moderator: „Wenn Sie, meine Herren, im Interesse aller Mitarbeiter und Ihrer Firma versuchen, eine Lösung für Ihr Verkaufsproblem zu finden, ist es erforderlich, dass Sie zuerst eine Frage formulieren, welche dann durch die Lösungen beantwortet werden soll. Wie kann diese Frage lauten? Versuchen sie aus der Sicht Ihrer Abteilung, aber gewissermaßen aus der Vogelperspektive, „offene W-Fragen" zu stellen!"

Bald konnte er folgende Fragen auf dem Flipchart notieren:

- Wie können wir das Produkt besser bewerben?
- Wie müssten wir das Produkt ändern, damit es am Markt besser ankommt?
- Wie können wir das Preisleistungsverhältnis verbessern, um den Vertrieb zu erleichtern?

15 Lösungssuche in der Praxis

- Was können wir tun, um die Verkaufszahlen der Firma wieder zu verbessern?

"Diese Fragen geben die Stoßrichtung an, die wir in den folgenden Schritten nicht aus den Augen verlieren dürfen. Kommen wir zum nächsten Schritt":

Schritt 3: Informations-Runde

Die Frage des Moderators, ob irgendwelche Sachinformationen beschafft werden sollen, wird verneint. Man kenne das Produkt und die Marktsituation in- und auswendig. Es handle sich um intern notwendige Maßnahmen.

Schritt 4: Wünsche an eine gute Lösung (Individuelle Sichtweisen)

Moderator: „Ich werde nun alle von Ihnen bitten, das Problem aus seiner persönlichen Sicht zu beschreiben und seine Bedürfnisse und Anliegen an eine gute Lösung zu nennen. Bedenken Sie bitte, dass am Ende, bei der Auswahl Ihrer Vorschläge, die Ablehnung ihrer Kollegen eine entscheidende Rolle spielen wird. Es wäre also nutzlos, jetzt Gräben aufzureißen und dadurch die Ablehnung der anderen herauszufordern. Es geht nicht um die Interessen einzelner Abteilungen, sondern um das gesamte Unternehmen, um dessen Erfolg und um die Sicherung von Arbeitsplätzen!

Wenn Sie das Problem möglichst ohne Machtspiele von allen Seiten betrachten, erhöhen Sie Ihre Chance, Lösungen

15 Lösungssuche in der Praxis

zu finden. Sie müssen also größtes Interesse daran haben, die subjektiven Meinungen aller zu hören. Nur dann können diese in die Entscheidung mit einbezogen werden und Vorschläge gemacht werden, die wenig Ablehnung von Ihnen allen ernten. Daher sollte – wie beim „Brainstorming" – keine Meinung kritisiert, vorverurteilt oder abgelehnt werden."
Die Bereichsleiter nennen daraufhin viele bisherige Probleme aus denen sich ihre Wünsche von selbst ergeben.

Die wichtigsten Probleme sind:

- Das Produkt wurde in der Werbung vernachlässigt, weil es sich bis vor Kurzem gut verkaufen ließ.
- Die Statistik des Produkts zeigt trotz hohen Wartungsaufwands eine steigende Fehleranfälligkeit.
- Die Wartungsverträge sind zu teuer.
- Die Qualitätskontrolle scheint lückenhaft.
- Die Mitbewerber haben seit einiger Zeit vergleichbare Produkte.
- Optisch wirkt das Produkt bereits veraltet.
- Der Chef der Qualitätskontrolle klagt über Personalmangel bei gestiegenen Anforderungen.
- Dasselbe Problem haben auch der Verkaufsdirektor und der Chef der Entwicklungsabteilung.

Nachdem alle Mängel umfassend und diesmal ohne Streit beschrieben worden sind, wir eine gute Lösung in einem Produkt gesehen, das der Konkurrenz bezüglich Qualität, Haltbarkeit und Erscheinungsbild überlegen ist und gut be-

15 Lösungssuche in der Praxis

worben wird. Danach kommt der Moderator zum nächsten Programmpunkt.

Schritt 5: Lösungssuche

<u>Moderator:</u> „Nun kommen wir zu den Lösungsvorschlägen. Ich mache Sie nochmals darauf aufmerksam, dass jener Vorschlag gesucht wird, der von allen Mitwirkenden gemeinsam am wenigsten abgelehnt wird. Daher können nur solche Vorschläge Erfolg haben, welche die übergeordneten Fragestellungen und Wünsche an eine gute Lösung möglichst umfassend berücksichtigen. Es wird nicht genügen, das Problem auf eine Abteilung allein abzuwälzen. Am Ende wird sich eine Rangordnung der Vorschläge ergeben, die Ihnen zeigen wird, welcher davon von allen gemeinsam am besten mitgetragen wird. Jede Person kann mehrere Vorschläge einbringen. Es macht nichts aus, wenn Ihre Vorschläge ganz verschiedene Aspekte des Problems betreffen und unterschiedliches Gewicht haben. Lassen Sie Ihrer Kreativität freien Lauf. Auch hier würde kritisieren, vorverurteilen oder ablehnen Ihre Kreativität nur bremsen und nicht zur Lösung der Aufgabe beitragen." (So weit der Moderator.)

In vergleichbaren Situationen kommen zuerst sehr allgemeine Vorschläge. Meist konzentrieren sich die Beteiligten darauf, was die anderen tun sollen und wehren sich gegen das, was die anderen von ihnen erwarten. Trotzdem werden alle Vorschläge kommentarlos und sichtbar für alle notiert.

15 Lösungssuche in der Praxis

In diesem Beispiel wurden folgende Vorschläge spontan geäußert (in Klammern ist der jeweilige Urheber des Vorschlags angegeben):

a. Werbeoffensive für das unveränderte Produkt (Konstruktionschef)
b. Qualitätskontrolle für dieses Produkt verstärken (Verkauf)
c. Bessere Gebrauchsanweisung mit Anleitung zur Störungsbehebung durch den Kunden (Verkauf)
d. Verkauf muss Mitbewerber besser beobachten und Strategie anpassen (Produktion)
e. Wartungsverträge besser bewerben (Produktion)
f. Neues Erscheinungsbild des Produkts trotz gleicher Funktionen (Konstruktion)
g. Qualitätskontrolle besser ausrüsten (Qualitätskontrolle)
h. Mehr in die Entwicklung investieren (Entwicklung)
i. Neuentwicklung und Neukonstruktion des Produkts (Verkauf)
j. Neue Werkstoffe verwenden um Wartungsintervalle zu verlängern (Entwicklung)

Der Moderator dokumentiert die Vorschläge in einer vorläufigen Vorschlagsliste und macht diese allen Anwesenden zugänglich und kommt zum nächsten Schritt.

15 Lösungssuche in der Praxis

Schritt 6: Vor- und Nachteile

Wir würden die Geduld beim Lesen überfordern, wollten wir hier auf Einzelheiten eingehen. Jedenfalls rundet sich das Bild aus allen Blickwinkeln der Bereichsleiter weiter ab.

Daraufhin gibt der Moderator kleine „Konsensierungs-Zettel" aus (siehe Kapitel 8), auf denen die Ordnungsbuchstaben der Vorschläge stehen, und erklärt den nächsten Schritt.

Schritt 7: Vorläufige Bewertung der Vorschläge

Moderator: „Die vorläufige Bewertung der Vorschläge durch „Widerstandsstimmen" von 0 bis 10 wird Ihnen ein erstes Bild verschaffen, wie Sie gemeinsam diese Vorschläge einschätzen. Daraus lassen sich wertvolle Schlüsse ziehen."

Die Bewertung erfolgt offen, das heißt, jeder schreibt seine Abteilung auf seinen Zettel. (Der Moderator erklärt kurz, wie die Vergabe der Widerstandstimmen von 0 bis 10 erfolgt.)

Sobald alle Ihre Widerstände gegen die einzelnen Vorschläge eingetragen haben, sammelt der Moderator die Konsensierungs-Zettel ein. Während die Chefs und Abteilungsleiter eine kleine Kaffeepause einlegen, wertet er die Konsensierungszettel aus und erstellt eine kleine Tabelle.

15 Lösungssuche in der Praxis

Vorschl.	Verkauf	Prod.	Konstr.	Q-Kont.	Entwickl.	Finanz	WIST	Rang
a	0	0	0	8	10	10	28	9
b	0	6	0	10	0	4	20	8
c	0	3	8	0	6	0	17	7
d	10	0	0	0	0	0	10	4
e	6	0	0	0	0	0	6	2
f	8	4	0	10	10	0	32	10
g	0	0	0	0	0	4	4	1
h	0	0	0	0	0	8	8	3
i	0	0	2	0	0	10	12	5
j	0	7	8	0	0	0	15	6
Summe	24	20	18	28	26	36	**152**	

Daraus ergibt sich folgende vorläufige Rangordnung der Vorschläge:

Rang (in Klammer der Urheber des Vorschlags)

1 (g) **Qualitätskontrolle besser ausrüsten**
(Qualitätskontrolle)

2 (e) **Wartungsverträge besser bewerben** (Produktion)

3 (h) **Mehr in die Entwicklung investieren**
(Entwicklung)

4 (d) **Verkauf muss Mitbewerber besser beobachten und Strategie anpassen** (Produktion)

15 Lösungssuche in der Praxis

5 (i) **Neuentwicklung und Neukonstruktion** des Produkts (Verkauf)

6 (j) **Neue Werkstoffe verwenden um Wartungsintervalle zu verlängern** (Entwicklung)

7 (c) **Bessere Gebrauchsanweisung mit Anleitung für Störungsbehebung durch Kunden** (Verkauf)

8 (b) **Qualitätskontrolle für dieses Produkt verstärken** (Verkauf)

9 (a) **Werbeoffensive für das unveränderte Produkt** (Konstruktion)

10 (f) **Neues Erscheinungsbild des Produkts trotz gleicher Funktionen** (Konstruktion)

Der Moderator betont, dass sie nun eine neue Ausgangsbasis haben, die aus keiner Diskussion so klar hervor gegangen wäre, und schon gar nicht aus Streitgesprächen. Außerdem macht er darauf aufmerksam, dass es wesentlich weniger Zeit erfordert hat, als die kürzeste Diskussion.

Jeder weiß nun, wie die gesamte Gruppe den eigenen Vorschlag derzeit einordnet. Die Vorschläge in den obersten Rängen haben die beste Chance, verwirklicht zu werden.

Moderator: Das „konstruktive Gespräch" darf jedoch nicht zu kurz kommen. Obwohl wir annehmen könnten, die meisten Vorschläge seien zu bejahen, gibt es Widerstände. Wenn wir

15 Lösungssuche in der Praxis

diese Widerstände besprechen und sachbezogen begründen, können wir alle daraus wichtige Erkenntnisse ziehen. Daraufhin können Sie versuchen Ihre Vorschläge zu präzisieren, zu verbessern oder neue zu entwickeln.

Die vorläufigen Widerstandswerte geben Ihnen die Möglichkeit, Erfolg versprechende Vorschläge zu kombinieren und daraus einen Ansatz für ein Maßnahmen-Programm zu entwickeln. Versuchen Sie herauszufinden, wer Ihre Vorschläge wie stark ablehnt, wie derjenige das begründet, und was er selbst vorschlägt. Wenn Ihre Vorschläge in der Rangordnung aufsteigen sollen, müssen Sie versuchen diese Einwände zu berücksichtigen, indem Sie den anderen entgegenkommen. Nur so haben Sie die Chance, dass Ihr Vorschlag weniger abgelehnt wird als andere."

Das Ergebnis ist für alle einigermaßen überraschend. Einige fragen sich, wieso Ihre Vorschläge so stark abgelehnt werden. Sie sind höchst interessiert, die Gründe dafür zu erfahren. Daher kommt der Moderator gleich zum nächsten Schritt.

Schritt 8: Erkunden der Restwiderstände

Jetzt werden die Einwände gegen einzelne Vorschläge vorgebracht. In dieser Beschreibung würde es zu weit gehen, auf alle Einwände einzugehen. Um die Wirkkraft des Verfahrens dennoch sichtbar zu machen, seien hier einige typische Reaktionen der Beteiligten erwähnt.

15 Lösungssuche in der Praxis

Moderator: „Ich lade Sie ein, sich zu Wort zu melden, wenn Sie für einen Ihrer Vorschläge erfahren wollen, wie die Widerstandswerte begründet werden."

Der Chef der Entwicklung will wissen, wie die Konstruktionsabteilung und die Produktion Ihren Widerstand gegen seinen Vorschlag begründet:

(j) Neue Werkstoffe verwenden um Wartungsintervalle zu verlängern

begründet.

Der Vorschlag liegt auf Rang 6, weil sich beide Abteilungen dagegen wehren. Was ist gegen die Verwendung von wesentlich verschleißfesteren Materialien einzuwenden, die sehr gut zu bearbeiten sind? Seine Abteilung habe bereits eine äußerst vielversprechende Versuchsserie laufen. Als Hauptgrund für den Widerstand wird angeführt, man habe keinerlei Erfahrung mit solchen Werkstoffen und könne daher nichts darüber aussagen, wie teuer die Entwicklung und Produktion sein würde, und ob das Produkt ohne Kinderkrankheiten in Serie gehen könne. Außerdem würde das eine erhebliche Entwicklungszeit benötigen. Das sei nur mit einem Team aus allen drei Abteilungen und höchster Priorität einigermaßen zeitgerecht unterzubringen.

Auf ähnliche Weise erforschen die anderen Abteilungsleiter die Widerstände gegen ihre Vorschläge. Der Finanzdirektor begründet seine Widerstände mit der angespannten finanziellen Lage der Firma. Wir können hier schon erkennen,

15 Lösungssuche in der Praxis

dass sich in der Begründung von Widerständen bereits die nächsten Vorschläge abzeichnen.

Als alle Fragen zu den Widerständen beantwortet sind, kommt der Moderator zum nächsten Schritt.

Schritt 9: Anpassen der Vorschläge

Moderator: „Sie haben jetzt die Möglichkeit neue Erkenntnisse einzubringen, indem Sie Ihre Vorschläge anpassen, zurückziehen oder neue hinzufügen."

Das kommt dem Verkaufsleiter sehr gelegen. Er hat bereits durchschaut, dass er andere Abteilungen mit ins Boot bekommen kann, wenn er deren Vorschläge mit seinen kombiniert. Er ändert seinen Vorschlag

(i) Neuentwicklung und Neukonstruktion des Produkts

in: „Bildung eines Projektteams zur Neuentwicklung und Neukonstruktion eines Prototyps mit verschleißarmen Materialien und modernem Design".

Damit hat er die Vorschläge (j) und (f) mit integriert. Doch da er weiß, dass dieses Projekt viel Zeit kosten wird, und da er in der Widerstandstabelle sieht, wie groß die Bedenken des Finanzchefs sind, ergänzt er seinen Vorschlag noch durch eine Zusage, mit der er der Produktion entgegenkommt. Er greift deren Vorschlag auf

15 Lösungssuche in der Praxis

(d) „Verkauf muss Mitbewerber besser beobachten und Strategie anpassen"

und ergänzt seinen Vorschlag (i) wie folgt:

> In der Zeit bis zur Serienreife (und auch danach) wird der Verkauf höchste Anstrengungen unternehmen, das alte Produkt zu vertreiben, solange noch Lagerbestände vorhanden sind.

Auch der Finanzdirektor versucht, den anderen entgegenzukommen, da er einsieht, dass das lahmende Zugpferd wieder fit gemacht werden muss. Er bringt einen neuen Vorschlag ein:

(k) Die zuständigen Abteilungen sollen eine ausführlich gegliederte Schätzung der Kosten samt Zeitplan bis zur Serienreife erstellen.

Der Finanzdirektor stellt dann noch fest, dass er für die anderen Vorschläge keine Zusagen machen könne, solange nicht geklärt sei, ob der Prototyp entwickelt werde oder nicht. Eine neuerliche Bewertung der Vorschlagsliste erübrige sich daher einstweilen. Den Verkauf fordert er auf, die im Vorschlag (i) gemachte Zusage verstärkter Verkaufsanstrengungen für das alte Produkt sofort umzusetzen.

Man ist sich einig, dass mit diesen Vereinbarungen viel erreicht ist und dass dieses Verfahren fortgesetzt werden soll, sobald der Prototyp beschlossen oder abgelehnt ist. Dann wird es neue Gesichtspunkte geben. Man weiß jetzt,

15   Lösungssuche in der Praxis

dass alle vertretenen Abteilungen gefordert sind, an diesem Projekt eng und schnell zusammenzuarbeiten. Auf einmal ist der alte Teamgeist wieder da, mit dem sie früher so erfolgreich waren.

Mit diesem Einblick in einen typischen Verlauf einer moderierten Konsensierung beenden wir unser Praxisbeispiel an dem Punkt, an dem die Beteiligten von ihrer anfänglichen Konfrontation zu einer konstruktiven Zusammenarbeit gefunden haben. Wir sind immer wieder erstaunt, dass nach der erfolgreichen Lösungssuche (Schritt 9: Anpassen der Vorschläge) gelegentlich kein erneutes Konsensieren mehr notwendig ist, da die Beteiligten sich dann einig sind, wie sie gemeinsam weiter vorgehen werden.

Diese Erfahrung machen viele auch ohne Moderation, wenn sie mit dem Konsensieren bereits näher vertraut sind.

Wir sind überzeugt, dass „Systemisches Konsensieren" immer funktioniert und dem „Konsens" am nächsten kommt. Sollte es mal nicht funktionieren, dürfte die Ursache sehr wahrscheinlich am Moderator liegen.

17 Wie werde ich SK-Experte?

Im Teil I „Konsensieren für Einsteiger" haben Sie vermutlich festgestellt, dass Konsensieren für die Mitwirkenden sehr einfach ist. Sie brauchen die vorgeschlagenen Lösungsvorschläge bzw. Entscheidungsalternativen nur mit ihren Widerstandsstimmen von 0-10 bewerten.

Teil II „Konsensieren für Fortgeschrittene" ist in erster Linie zur Anwendung bei komplexeren Fällen und Fragestellungen gedacht, bei denen es sinnvoll ist einen Moderator einzusetzen, der durch den Prozess führt. Wir denken hier vor allem an Mediatoren, Trainer, Coachs, Lehrkräfte, Moderatoren, Führungskräfte etc.. Wir sind der Meinung, dass Konsensieren weltweit dazu beitragen kann, Probleme in Gesellschaft, in Wirtschaft und Politik schneller und effektiver zu lösen. Deshalb ist es unser Anliegen, dass diese Methode möglichst schnell und weit verbreitet wird. Dazu braucht es Menschen, die Konsensieren in Schulen und Universitäten, in Unternehmen, in Parteien, in Gemeinden und Städten etc. bekannt machen und einsetzen. Wir sind Ihnen deshalb sehr dankbar – und Sie leisten unseres Erachtens damit einen Beitrag für eine friedlichere Welt – wenn Sie dies unterstützen. Wir bilden dazu „SK-Experten/Expertinnen" aus. Vom Seminar für praktische SK-Anwender/Anwenderinnen bis zum Top-SK-Experten /Expertinnen-Seminar bieten wir eine stufenweise Ausbildung an.

Die Experten/innen werden wir auf Wunsch auf unserer Webseite öffentlich bekannt machen.

Seminar-Termine finden Sie auf den Webseiten:
www.isyKonsens.at und www.isyKonsens.de

17 Wie werde ich SK-Experte?

Veranstalter der Seminare und Ausbildungen

in Österreich: **www.isyKonsens.at**
Institut für Systemisches Konsensieren
E-Mail: sk-prinzip@aon.at

in Deutschland: **www.isyKonsens.de**
Institut für Systemisches Konsensieren
E-Mail: paulus@traumfirma.de

Gerne senden wir Ihnen eine einführende **Powerpoint-Präsentation** über „Systemisches Konsensieren" zu.

Senden Sie uns dazu eine Mail unter Angabe Ihres Namens, PLZ und Wohnort an eine der oben genannten E-Mail-Adressen. PLZ und Wohnort verwenden wir nur für unsere geografische Auswertung.

Wir verpflichten uns, Ihre Angaben nicht an dritte Personen weiterzugeben.

Wenn Sie über Neuerungen zum Thema und/oder über Schulungstermine informiert werden wollen, teilen Sie uns dies bitte ebenfalls per E-Mail mit.

Filme zum Thema „Konsensieren" finden Sie in „You Tube" unter dem Stichwort: „Konsensieren".

17 Geschichte des Konsensierens

**Die Entstehung des „Systemischen Konsensprinzips"
(auch „SK-Prinzip" genannt)**

1972 Durch ein Schlüsselerlebnis in New York hatte Siegfried Schrotta – Systemanalytiker aus der Computerindustrie – die Idee eines machtfreien Raumes der Verständigung, in dem sich Meinungen, Ideen und Lösungsvorschläge öffentlich bewähren können sollten. Da mit großen Datenmengen zu rechnen war, sollten die damals noch voluminösen EDV-Anlagen durch Ordnungssysteme, Beobachtungszähler und Bewertungen der Aussagen dafür sorgen, dass die besten Ergebnisse selbsttätig sichtbar werden. „Gedächtnisspuren" und „Trampelpfade" wie auch eine „Topografie der Interessenschwerpunkte" sollten die Suche in den Aussagennetzen erleichtern.

1979 konnte Siegfried Schrotta seinen Berufskollegen Dr. Erich Visotschnig – ebenfalls Systemanalytiker – für die gemeinsame Arbeit an diesem Vorhaben gewinnen. Von der Grundidee ausgehend begann nun eine intensive gemeinsame Entwicklungsarbeit.

1982 brachten die beiden das Buch "Neue Wege der Verständigung – der machtfreie Raum" im ZSOLNAY Verlag – heraus und setzten diese Idee in konkreten Modellversuchen mit Jugendlichen und Studenten in Wien und Graz um. Zehn Jahre spä-

17 Geschichte des Konsensierens

ter erwies sich diese Arbeit als eine erste Vision des Internet. Erich Visotschnig erlebte zu dieser Zeit in einer Grazer Alternativschule, die unter Eltern-Selbstverwaltung aufgebaut wurde, wie angesichts von notwendigen Entscheidungen selbst unter Freunden immer wieder Streit ausbrach. Er erkannte als systemische Ursache das verwendete Entscheidungsverfahren - die demokratische Abstimmung. Der Versuch diesen systemischen Nachteil zu beheben, führte ihn zu der Idee, als Entscheidungsgröße nicht die Zustimmung zu maximieren, sondern die Ablehnung zu minimieren

Zuerst fehlten allerdings jegliche Vorstellungen zur Einführung des Verfahrens in der Gesellschaft. Auch erschien die Materie zu trocken, um sie mit Aussicht auf Erfolg als Buch herauszubringen.

2001 Angeregt durch Freunde nahm Erich Visotschnig die Gedanken wieder auf. In neuerlicher Zusammenarbeit mit Siegfried Schrotta wurde nun das "Systemische Konsensprinzip" (SK-Prinzip) entwickelt, wie auch verschiedene Bewertungsverfahren und die Lösung von Interessenkonflikten durch "Konsensieren" erprobt.

2005 erschien das Buch "Das SK-Prinzip - Wie man Konflikte ohne Machtkämpfe löst" im Verlag Ueberreuter. Bald nach dessen Erscheinen entdeckten Mediatoren das Konsensieren als ein Werk-

17 Geschichte des Konsensierens

zeug, das sie im Rahmen ihrer Methoden einsetzen konnten. Für Schrotta/Visotschnig begann damit eine intensive Vortrags- und Seminartätigkeit.

2007 lernte der Unternehmensberater Georg Paulus, Siegfried Schrotta und Erich Visotschnig anlässlich eines SK-Vortrages in München kennen. Er empfahl, das System zu vereinfachen. Daraus entwickelte sich die Idee, gemeinsam ein leicht verständliches Buch zu schreiben.

2009 kam das Buch von Paulus/Schrotta/Visotschnig: „Systemisches Konsensieren – Der Schlüssel zum gemeinsamen Erfolg" im Danke-Verlag heraus. Erstmals fand nun auch eine Ausbildung von SK-Experten statt.

2010 wurde das „Institut für Systemisches Konsensieren" in Graz (Österreich) und in Holzkirchen (Deutschland) gegründet. Damit begann die Ausbildung von zertifizierten SK-Moderatoren und SK-Experten, welche u.a. berechtigt sind, zertifizierte SK-Seminare für Anwender zu halten.

Nächstes Ziel ist die Zusammenführung der zwei Grundideen – des machtfreien Verständigungsraumes und des SK-Prinzips – in einer IT- Lösung für Gruppen jeder Größe in Gesellschaft und Politik. Interessierte Gruppen können dort geschlossene oder auch öffentliche Verständigungsräume

17 Geschichte des Konsensierens

einrichten, in denen Probleme diskutiert, Lösungen jederzeit eingebracht und laufend von allen Beteiligten bewertet werden. Dadurch wird die jeweils aktuelle Rangordnung aller Lösungsvorschläge hinsichtlich ihrer Akzeptanz sichtbar. In diesen gruppendynamischen Prozessen für große Teilnehmerzahlen sollen die „Kreative Kommunikation" und die Lösungssuche übersichtlich gestaltet werden.

Die Autoren sehen darin eine Entscheidungshilfe für verantwortliche Entscheidungsträger und ein Medium, in dem sich ein von den Sensationsmedien unabhängiges Bild der besten Ideen und Meinungen der Bevölkerung öffentlich entwickeln kann. Eine neue Form der Partizipation wird bald schon in vielen Bereichen der Gesellschaft eine Mitgestaltung ermöglichen.

Weitere Überlegungen, Erfahrungsberichte und Ausblicke zum Systemischen Konsensieren finden Sie im Buch: „Wie wir klüger entscheiden". Mehr zu diesem Buch finden Sie auf Seite 134.

18 Danksagung

Wir sind glücklich und dankbar, dass es in unserem Gesellschaftssystem Gesetzmäßigkeiten gibt, die Ansatzpunkte für neue Methoden bieten, das weltweite Zusammenleben der Menschen zum Besseren zu wenden.

Wir danken allen, die uns mit ihrer Begeisterung und ihrer motivierenden Unterstützung bei der Entwicklung, Erarbeitung und Verfeinerung dieser neuen Methode begleitet haben.

Besonders aber bedanken wir uns bei Ihnen, liebe Leserinnen und liebe Leser, dass Sie sich für dieses Thema interessieren.

Wir bitten Sie, dazu beizutragen, Konsensieren zum Wohle der Gesellschaft bekannt zu machen.

DANKE.

19 Autorenporträts

Erich Visotschnig
Geboren 1939, Studium der Mathematik und theoretischen Physik in Graz. Promotion „sub auspiciis praesidentis". 25 Jahre Tätigkeit in Systemanalyse und Projektmanagement für komplexe Computer-Anwendungen, Internationale Erfahrungen in den USA, Schweden, Deutschland, Belgien und Frankreich. Autor von Sachbüchern und wissenschaftlichen Artikeln. Entwickler des SK-Prinzips und Gründer des Instituts für Systemisches Konsensieren (www.konsensieren.net).

Siegfried Schrotta
Geboren 1934, Studium der Elektrotechnik an der TU Wien. 25 Jahre Erfahrung mit komplexen Computer-Anwendungen, systemanalytischer Beratung und Lehre im In- und Ausland. Autor mehrerer Sachbücher und gesellschaftskritischer Artikel. Arbeitet daran, die Strukturen der Gesellschaft zu durchleuchten, um machtfreie Formen der Konfliktlösung anzuregen. Entwickler des SK-Prinzips und Gründer des Instituts für Systemisches Konsensieren (www.konsensieren.net).

Georg Paulus
Geboren 1953, gelernter Industriekaufmann, viele Jahre Führungskraft im Vertrieb für einen amerikanischen Konzern, seit über 30 Jahren Seminarleiter im Bereich Mitarbeitermotivation und Personalentwicklung, Unternehmensberater, Autor der Erfolgsbücher „TRAUMFIRMA" und „TRAUMFIRMEN und ihr Geheimnis". G. Paulus ist Gründer und Leiter des „Institut für Systemisches Konsensieren" in Deutschland. **www.isyKonsens.de**

20 Empfehlungen vom DANKE-Verlag

Unser Bestseller: TRAUMFIRMA

Deutschlands einziges Chef- und Mitarbeiter-Handbuch

ISBN 978-3-9808635-1-3 **21,00 €**

Erhältlich im Buchhandel oder unter www.traumfirma.de

20 Empfehlungen vom DANKE-Verlag

Das Nachfolgebuch von TRAUMFIRMA

ISBN 978-3-9808635-3-7 **21,00 €**

Erhältlich im Buchhandel oder unter www.traumfirma.de

Siegfried Schrotta (Hrsg.)

SK-PRINZIP

Wie wir klüger entscheiden

einfach – schnell – konfliktlösend

Zu bestellen auf den Webseiten
www.isyKonsens.at und www.isyKonsens.de